정약용,
슈퍼 히어로가 되다

탐 철학 소설 25

정약용, 슈퍼 히어로가 되다

초판 1쇄   2016년 4월 5일
초판 4쇄   2023년 11월 30일

지은이   박석무, 김태희

책임 편집   김현경
마케팅   강백산, 강지연
디자인   땡스북스 스튜디오, 유민경
표지 일러스트   박근용

펴낸이   이재일
펴낸곳   토토북

주소 04034 서울시 마포구 양화로11길 18 3층 (서교동, 원오빌딩)
전화 02-332-6255 ｜ 팩스 02-6919-2854
홈페이지 www.totobook.com ｜ 전자우편 totobooks@hanmail.net
출판등록 2002년 5월 30일 제10-2394호
ISBN 978-89-6496-304-3 44100
ISBN 978-89-6496-136-0 44100 (세트)

● 이 책의 사용 연령은 14세 이상입니다.
● 탐은 토토북의 청소년 출판 전문 브랜드입니다.

정약용,
슈퍼 히어로가 되다

박석무, 김태희
지음

25
탐
철학
소설

탐

차례

머리말

시대가 나아갈 길을 안내한 실학자 · · · · · · · · · · · · · 006

1. 정조 임금과의 만남 · 013

2. 수원에 화성을 짓다 · · · · · · · · · · · · · · · · · · · 033

3. 의심하고 질문하라 · 055

4. 백성을 위하여 · 071

5. 즐거움과 괴로움은 함께 있다 · · · · · · · · · · · · 093

6. 안타까운 죽음들 · 107

7. 시련과 극복 · 125

부록

정약용 소개 · 154

정약용의 저작 · 159

정약용의 생애 · 162

하피첩 이야기 · 170

읽고 풀기 · 172

시대가 나아갈 길을 안내한 실학자

다산(茶山) 정약용은 조선 후기의 대표적인 위인입니다. 실학(조선 시대에 실생활의 유익을 목표로 한 새로운 학풍)의 집대성자, 실천적 개혁가, 대학자 같은 여러 수식어가 가능하지요. 그만큼 훌륭한 분입니다. 이것만으로도 역사 인물로서 정약용을 알아야 할 이유이지만 그것에 그치지 않습니다. 시대의 아픔을 몸소 겪으면서 조선 사회가 나아갈 대안을 제시했던 분이어서, 지금 시대에도 많은 시사점을 얻을 수 있습니다.

정약용이 태어난 해는 1762년이었습니다. 사도 세자가 죽은 해입니다. 영조의 손자이자 사도 세자의 아들인 정조가 왕위에 오른 것은 1776년. 정약용이 15세인 해입니다. 영조에 이어 정조는 당쟁의 폐단을 없애기 위해 탕평책을 써서 당색이나 신분에 관계없이 인물을 기용했습니다. 정조가 아니었으면 정약용이 관직에 나가서 역량을 발휘하지 못했을 수도 있지요.

정약용이 태어난 곳은 북한강과 남한강의 두 물이 만나는 한강변입니다. 행정구역상 당시에는 광주군에 속했고, 지금은 남양주시에 속해 있습니다. 지금의 팔당대교 근처로 서울에서 가까운 곳입니다.

외부의 문물을 접하기 쉬웠던 수도권에서 실학이 발흥한 것은 자연스러운 일입니다. 지금은 인터넷 등 IT 기술의 발달로 지역적인 제약이 많이 극복되었지만, 당시에는 지역적 요소가 매우 중요했습니다. 정약용은 서울 근교에서 태어나 나중에는 규장각에 있으면서 많은 지식과 정보를 읽을 수 있었습니다. 그의 저작에 이런 것들이 망라되고 농축되었습니다.

이 소설은 정약용이 38~40세 되는 무렵을 시점으로 구성했습니다. 그가 정치적 공격을 받으면서 공직 생활을 돌아볼 즈음입니다. 22세에 성균관에 들어가서 28세에 공직 생활을 시작한 이래 38세까지의 공직 생활을 함께 되돌아보게 함으로써, 자연스럽게 정약용에 관해 잘 알 수 있도록 구성했습니다. 성균관에 들어간 이래 18년 동안의 경험은 훗날 유배지에서의 저술에도 큰 밑거름이 되었지요.

정조가 죽음을 맞이하면서 정약용은 다시 관직에 나갈 수 없었습니다. 이 글에서는 정약용이 1801년 천주교 박해 사건(신유사옥)으로 붙잡혀 가는 장면까지 보여 주는데, 개인의 시련이자 시대의 아픔이었습니다. 하지만 정약용의 위대함은 이를 극복한 데 있습니다. 유배 생활 18년 동안 개인적으로 큰 성취를 했을 뿐만 아니라, 실학을 집대성하여 우리 민족의 위대한 유산을 남겼습니다.

정약용은 1818년 유배를 마치고 고향으로 돌아왔습니다. 돌아와서 그동안 쓴 저작을 보완하고 다듬었지요. 북한강과 남한강을 따라 학술 답사도 다니면서 인생을 마무리하고서 75세의 나이로 세상을 떴습니다. 정약용의 개혁안은 당대에는 채택되지 못했지만 나중에 주목을 받았습니다. 예컨대 중국으로부터 선진 기술을 받아들이기 위한 관청인 '이용감'도 나중에 설치되었지만 너무 늦었지요. 안타까운 일이에요.

그렇다면 왜 지금 정약용을 알고 그의 글을 읽어야 할까요?

먼저 한국사, 한국 철학, 한국 문학 등 한국학 분야의 학문을 하려고 하는 사람은 정약용을 피해갈 수 없습니다. 역사적 위인이기도 하지만 한국학과 관련해서 많은 저술을 남겼기 때문입니다. 행정학, 경제학, 법학, 의학, 지리학 등 다른 분야도 전통 시대를 공부한다면 정약용에 대한 공부를 빠뜨릴 수 없습니다.

나중에 공직자로 나갈 사람도 정약용이 무슨 말을 했는지 귀 기울일 필요가 있습니다. 그는 공정과 청렴을 모토로 공직에 종사하였고, 관직에서 물러나서는 《목민심서》를 저술했습니다. 《목민심서》는 우리나라 모든 공직자가 읽어 봐야 할 필독서랍니다.

정약용이 공부하는 방법도 청소년에게 큰 도움이 될 겁니다. 독서법, 문장 쓰는 법 등 공부에 관해 많은 이야기를 했거든요. 그러나 그에게서 배워야 할 것은 요령보다는 자세입니다. 그는 공부하는 사람은 좀 사나운 기상이 있어야 하고 헝그리 정신이 있어야 한다고 조언했습니다.

　요즘 청소년들은 각종 시험에 시달리고 입시에 지쳐 갑니다. 하지만 잠시 눈을 돌려 봅시다. 역경에도 굴하지 않고 시대의 아픔을 함께하며, 앞날을 걱정하여 대안을 제시했던 그의 삶은 존경할 만합니다. 분야와 처지가 다르더라도 이런 분에게서 삶의 에너지를 얻었으면 합니다. 워낙 많은 말을 남기셨기 때문에 그 가운데는 실용적인 도움말도 많습니다. 단 한마디라도 내게 힘이 되는 말을 새겨 봤으면 합니다.

본문에 나오는 여러 대사는 시간 여행에 관한 이야기를 제외하고는 정약용의 저작물을 근거로 내용을 구성했습니다. 청소년 여러분이 이 책을 편하게 읽었으면 합니다. 나아가 이를 계기로 정약용의 저작물을 더욱 본격적으로 읽게 되기를 바랍니다.

　나이를 먹어감에 따라 만나는 정약용의 모습은 다를 수 있습니다. 자신의 처지에 따라 배울 수 있는 것은 계속될 거예요. 평생의 멘토로 삼을 수도 있겠지요. 아무쪼록 이 책이 조선의 새 길을 안내한 히어로 정약용과의 만남을 여는 가이드가 되고, 나아가 21세기 대한민국을 여는 가이드가 되었으면 합니다.

2016년 3월 서소문로 다산연구소에서

박석무, 김태희

정조 임금과의 만남

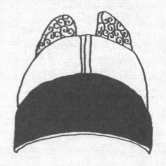

동아리에서 역사 탐방을 가는 날이다. 모임 장소는 성균관대학교 정문. 아침부터 더운 게 오늘 날씨도 만만치 않을 것 같다. 서둘러 가는데 앞에 동아리 회원인 준이가 가고 있다. 민이는 앞서 가는 준이의 어깨를 툭 치며 말했다.

"늦은 건 아니겠지?"

"어? 민이구나. 괜찮아. 시간 충분해. 여름 방학 어떻게 지내니?"

"뭐 방학한 지 일주일밖에 안 됐는데 벌써 지루하려고 그래."

"하하."

똑같은 마음에 둘이 웃으며 가는데 성균관대학교 정문 앞에 박 선생님과 선이가 먼저 와 있다. 선이가 손을 흔들며 반갑게 맞는다.

"여기야!"

자세히 보니 선이 손에는 녹색 표지의 책 한 권이 들려 있다. 제목이 '유배지에서 보낸 편지'다.

"무슨 책이니?"

준이가 물었다.

"응, 다산 정약용 선생이 유배지에서 쓴 글을 모아 둔 책이야. 정약용 알지? 조선 시대 후기에 살았던 실학자."

"으응, 그래. 설마 내가 정약용을 모르겠니? 혹시 민이는 모를지도……."

"뭐? 내가 모를 줄 알고? 날 뭐로 아는 거야!"

"아하, 그렇다면 돌발 퀴즈! 정약용 선생이 설계한 성곽 이름은?"

"뭐, 그거야……."

"얼른 대답해 봐."

"에이, 갑자기 물어보면 어떡하냐? 좀만 기다려 봐."

"수원 화성!"

준이가 옆에서 기다렸다는 듯이 얼른 대답한다.

"뭐야, 내가 막 말하려 했는데."

민이는 고등학교에 들어가 무슨 동아리에 가입할까 고민하고 있었다. 그때 중학교 때부터 친구인 선이가 말했다.

"나 '우리 역사 동아리'에 가입할 건데 너도 같이하자. 아는 사람이 아무도 없으면 좀 그렇거든."

"뭐라고? 또 무슨 공부냐? 난 놀고 싶어."

"어? 너 역사 공부 좋아하지 않아?"

"그렇긴 한데 동아리 활동만큼은 밖에서 노는 거로 해야지! 안 그래?"

"우리 역사 동아리도 밖으로 많이 돌아다닐 거야. 역사 유적지 답사가 있거든."

그때 옆에서 가만히 듣고 있던 준이가 끼어들었다.

"그래? 그거 구미가 당기는군. 나도 그 동아리에 가입해야겠다."

'이런, 이 녀석이 또 끼어들다니.'

민이는 같은 반이 된 준이가 중학교 친구인 선이에게 관심을 보이는 게 못내 불만이었다. 어쩐지 계속 신경이 쓰이던 차였다. 그래서 준이가 못마땅한 나머지 얼떨결에 대답해 버렸다.

"좋아. 선이 네가 원한다면 내가 함께하기로 하지. 넌 내 도움이 필요해!"

"뭐야, 무슨 선심이라도 쓰는 것 같네. 암튼 좋아."

이렇게 해서 민이는 선이를 따라 우리 역사 동아리에 가입했다.

오늘은 동아리 첫 나들이다. 다른 아이들을 기다리는 동안 준이가 말했다.

"박 선생님이 성균관대학교 사학과를 나오셨다는 거 알고 있었니?"

"그래? 그럼 오늘 선생님 모교에 가는 거야?"

옆에서 듣고 있던 박 선생님이 불쑥 끼어들며 말했다.

"얘들아, 오늘 가려는 곳은 성균관대학교가 아니란다. 성균관이지. 물론 온 김에 성균관대학교도 둘러보긴 하겠다만. 혹시 아니? 너희 가운데 성균관대학교에 들어갈 친구도 있을지."

"선생님은 모교를 좋아하시나요?"

"그럼."

"얼마나요?"

"우리나라 역사가 순조롭게 진행되었다면, 성균관이 한국 최고의 국립 대학이 되었을 텐데 말이다. 자, 모두 모였지? 안으로 들어가자."

성균관대학교 안으로 들어가자 박 선생님은 왼쪽에 있는 비각으로 우리를 이끌었다.

"이 비는 영조가 세운 거란다. 영조가 어떤 임금이었지?"

"자기 아들인 사도 세자를 죽인 왕 아닌가요?"

"탕평 정치를 편 임금이죠?"

"그래, 이 비각은 탕평 정치와 관련이 있어. '주이불비'는 군자의 공심이요(周而不比 乃君子之公心), '비이불주'는 소인의 사심이라(比而不周 寔小人之私意). 원래 《예기》라는 책에 나온 말인데 《논어》에도 같은 표현이 나오지. '주(周)'는 두루 미치는 것을 말하고, '비(比)'는 한 곳으로 치우치는 것을 말해. 다시 말하면, 골고루 공평한 것이 군자의 마음이고, 한쪽 편을 들어 편파적인 것은 소인의 마음이란 뜻이야."

'음, 선생님은 공부 잘하는 선이와 준이만 예뻐하는 걸 보면 소인임이 분명해.'

민이는 이런 생각을 하며 슬그머니 웃었다.

"민이가 웃는 걸 보니, 무슨 뜻인지 아는 모양이구나?"

민이는 박 선생님에게 마음을 들킨 것 같아 깜짝 놀랐다. 그래서 애써 웃으며 둘러댔다.

"그럼요. 우등생이 아닌 저한테도 이렇게 신경 쓰시는 걸 보면 선생님은 군자이십니다요. 키킥."

박 선생님도 빙그레 웃으며 말했다.

"맞아. 선생님은 모든 학생에게 골고루 잘 대하려고 하지. 암, 그럼."

박 선생님은 다짐을 하듯 말에 힘을 주었다. 그리고 진지하게 계속 이야기를 이어 갔다.

"당시엔 노론과 소론, 남인이 서로 대립하고 있었지. 영조는 노론의 지원을 등에 업고 임금이 되었지만, 결코 한 당파의 임금에 만족할 수 없었어. 그래서 노론과 소론이 화해하도록 애를 썼지. 정치적으로 힘이 없었던 남인들을 일부러 기용하기도 했고."

박 선생님의 이야기를 들으며 모두 스마트폰으로 사진을 찍었다.

"자, 이제 성균관으로 들어가 보자."

도로변의 큰 문을 열고 들어가니 마당이 놓여 있고 앞에 한 건물이 보였다. 박 선생님이 건물의 현판을 가리키며 물었다.

"너희 저 현판 읽을 수 있겠니?"

'큰 대(大), 이룰 성(成), 그리고 저 글자는 전(殿) 자인가?'

민이가 자신이 없어 속으로 생각하고 있는데 준이와 선이가 거의 동시에 말했다.

"대성전!"

"맞다. 대성전이야. 어떻게 알았니?"

"저 정도 한자는 알죠. 선생님 우리를 너무 무시하시는 거 아니에요?"

"책에서 이미 봤어요."

"저도 알고 있었어요. 대답이 좀 늦어서 그렇지."

민이도 질세라 대답했다.

"그래. 이곳은 제사를 지내는 공간이다."

"네? 공부하는 곳이 아니었나요?"

"공자를 중심으로 훌륭한 유학자들을 모시고 제사를 지내는 곳이야. 높은 가르침을 준 스승에게 예를 갖추는 곳이라 할 수 있지."

대성전 뒤뜰로 들어섰다.

"이곳이 바로 공부하는 곳이란다. 정면의 저곳이 명륜당이다. 교육이 이뤄졌던 곳이란다. 오른쪽 건물이 동재, 왼쪽 건물이 서재인데 성균관 유생들의 기숙사였지."

"학생들은 몇 명이나 되었죠?"

"시대에 따라 달랐는데, 대략 100~200명 정도 되었다고 해. 명륜당 뒤에는 책을 모아 둔 존경각이 있다. 성균관 유생들의 도서관인 셈이야. 이쪽으로 나가면 과거 시험을 보던 비천각이 있단다. 자, 이동하도록 하자. 성균관대학교 학생회관에서 아이스크림을 먹자꾸나."

"좋아요!"

"민이가 제일 좋아하는군."

"민이는 제사보다 제삿밥에 관심이 있는 거예요."

준이가 키득거렸다.

"뭐라고? 내가 언제?"

"변명할 것 없다. 가자. 선생님이 아이스크림 쏜다!"

준이의 말에 기분이 상한 민이는 토라졌다.

"너희들이나 가. 난 여기서 더 공부할 거야."

"하하. 너만 손해지. 우린 간다."

잠시 후, 성균관 마당이 조용해졌다. 민이는 마루에 벌렁 누웠다. 파란 하늘에 흰 구름이 아름답다. 흰 구름이 여러 가지 모습으로 변하는 것을 하염없이 바라보았다. 변화무쌍한 구름의 모습에 이 생각 저 생각을 하다 보니, 얼마나 시간이 지났을까? 흰 구름이 검게 변하고 하늘이 어두워졌다. 홀연 어디선가 바람이 불어 왔다. 돌연 바뀐 분위기가 심상치 않아 민이는 벌떡 일어났다. 그때 어떤 사람이 두 눈을 부릅뜨고 말했다.

"웬 녀석이냐? 이곳에서 벌렁 드러누워 있다니! 버르장머리 없는지고!"

"아, 저는 동아리에서 역사 답사를 왔는데, 일행은 박 선생님과 함께 아이스크림 사 먹으러······."

"아이스크림이라니? 무슨 못 알아먹을 말을 지껄이느냐."

민이가 당황스러워하고 있는데 또 한 사람이 문을 열고 나타났다. 하얀 도포에 갓을 썼다. 완전 사극에서 본 선비의 모습이다.

'여기 성균관 유생인가?'

민이가 속으로 이렇게 생각하고 있는데, 야단치던 사람이 들어오는 그를 보더니 눈을 크게 뜨며 말한다.

"아니, 정약용 선생님 아니십니까! 여긴 어인 일이십니까?"

"그렇소. 오랜만이요. 어떻게 지내셨는가?"

두 사람이 서로 반갑게 인사를 나눈다.

'앗, 저분이 정약용 선생님? 아무튼 분위기가 누그러져서 다행이다······.'

민이는 내심 안심이 되었다.

"예, 항상 그렇지요. 관내 관리하는 일이 매일 같죠. 그런데 어인 일로 여기에······."

"곧 고향에 내려가려고 하네. 내려가기 전에 한번 들러 보았지."

"아니, 벼슬을 버리고 내려가신단 말씀입니까? 무슨 나쁜 일이라
도······."

"하하. 선비가 나서면 벼슬이요 떠나면 처사[1]인데, 벼슬과 처사
사이에 무슨 큰 구분이 있겠소."

"아, 예. 잠시 쉬시는 거겠지요?"

선비의 시선이 민이에게로 향했다.

"근데 저 아이는 누구요?"

"행색도 이상한 녀석이 무엄하게 이곳에 들어와 어슬렁거리기에
야단을 치고 있습니다."

"허허, 야단까지 칠 거 뭐 있소. 내가 타일러 내보내겠소."

"예, 그렇게 하십시오. 감사합니다. 저는 식당으로 가 봐야겠습니
다."

선비를 남기고 다른 한 사람이 자리를 떴다. 선비는 민이를 물끄
러미 보더니 이내 물었다.

"보아하니, 이곳 유생은 아닌 것 같구나. 어디서 왔느냐?"

"저는 민이라고 하는데, 동아리 답사 활동으로 여기에 왔습니다.
그런데 정말 정약용 선생님이십니까? 수원 화성을 설계한 바로 그분
이요?"

"그렇단다. 네가 그걸 어떻게 아느냐?"

"선생님의 명성은 익히 들었습니다."

"오호, 그래? 고맙구나. 나를 알아보다니."

"그런데 선생님이 어떻게 여기에……."

"여긴 내가 10여 년 전에 공부하던 곳이지."

"예? 10여 년 전이라고요?"

민이는 갑자기 혼란스러웠다.

'선생님은 이미 200여 년 전에 돌아가셨는데, 10여 년 전에 이곳에서 공부하셨다고? 그럼 지금이 언제란 말이냐?'

그러나 모습이 너무도 생생하여 눈앞에 있는 선생에게 따질 수가 없었다. 오히려 자기가 이상한 사람이 될 것 같았다.

"내가 이곳에 처음 왔던 때가 생각나는구나."

"아, 그때 얘기를 해 주십시오."

"그래, 그렇지 않아도 이곳에 오니 온갖 추억이 떠오른다."

정약용 선생은 잠시 말을 멈추었다. 과연 온갖 상념이 떠오르는 모양이었다. 그러더니 이윽고 말을 이어 가기 시작했다.

"내가 진사과[2]에 합격해서 성균관에 들어왔는데, 정조 임금을 선정전[3]에 들어가 뵈었다. 얼굴을 들라 하시더니 나이가 몇 살이냐고 물으셨지. 그때 정조 임금을 처음 뵌 것이야."

"그때 나이가, 아니 연세가 어떻게 되셨습니까?"

민이는 왠지 높임말을 깍듯이 써야겠다는 생각이 들었다. 마치 사극에서 본 것처럼.

"22살이었다. 정조 임금은 젊은 성균관 유생들에게 관심이 많았고, 내게도 참으로 잘 대해 주셨어. 칭찬도 많이 받고 상도 많이 받았다."

"상으로 무엇을 받으셨습니까?"

"책이었지. 《대전통편》 한 질, 《국조보감》 한 질, 《팔자백선》 등이었다. 남들이 부러워할 정도였지. 많은 책을 선물로 받았더니, 나중엔 주실 책이 없다며 술을 주시더구나. 술을 못 마신다고 사양했지만 더는 사양할 수가 없었다. 비틀거릴 정도로 마셨는데, 이때도 책을 챙겨 주셨다. 《병학통》이라는 책이었지. 군사적 재주도 기르라는 임금의 각별한 뜻과 함께였단다."

"선생님은 그야말로 우등생이셨네요. 꾸중도 안 들으셨겠어요."

"하하. 1차인 초시는 붙으면서도 2차인 회시는 떨어지는 일이 세 차례나 반복되어서 좀 민망하기도 했단다. 그래, 너는 옷차림이 묘하다마는 공부하는 학동 같은데 공부는 잘하느냐?"

"저야 그저…… 그러니까 가운데 정도? 무릇 가운데가 좋은 것 아닙니까?"

민이가 머뭇머뭇 대답하자 선생은 슬며시 웃는다.

"공부란 결국 효제(孝弟)라 할 수 있지. 부모에게 효도하고, 어른에게 공손하면 되는 법이야. 너는 태도가 공손한 것으로 보아 부모에게도 효도를 잘하겠지?"

"그럼요! 어떻게 아셨어요? 헤헤."

"그래, 그럼 됐지. 내가 오늘 추억이 담긴 이 근처 장소를 주욱 둘러 볼 참인데, 함께 가겠느냐?"

민이는 정약용 선생의 제안에 귀가 솔깃했다.

'이건 준이는 절대 못 해 보는 경험일 거야. 선이한테 자랑해야지.'

민이는 선생의 마음이 바뀔까 봐 얼른 대답했다.

"네, 따라가겠습니다!"

"그럼 가보자꾸나."

정약용 선생과 함께 문을 나서자 눈에 들어오는 광경이 아까와는 아주 달라졌다. 초가집이 보이고 다니는 사람들의 옷차림이 온통 사극에서나 나오던 모습이다.

'아니, 도대체 어찌 된 거지? 내가 시간 여행이라도 온 것인가?'

성균관에서 한참을 걸었다. 창경궁을 지나 창덕궁에 이르렀다. 입구마다 포졸이 서 있었지만 정약용 선생 옆에 바짝 따라가니 일행으로 보아 막지 않았다.

"저곳이 바로 규장각이다. 규장각은 정조 임금께서 세운 기구란다. 원래 숙종 때 임금이 쓴 글씨 같은 것을 모아 둔 곳인데, 임금께

서 이걸 다시 활성화해서 도서를 수집하고 편찬하는 곳으로 만들었
지. 학문을 통해 정치를 하려는 의도가 담긴 곳이야."

문에 있는 현판에는 고기 어(魚), 물 수(水), 문 문(門), 바로 '어수
문'이라고 씌어 있었다.

"어수문이 무슨 뜻이죠?"

"고기는 물이 없으면 살아갈 수 없지 않느냐? 임금도 신하들이
없으면 임금이랄 수 없지. 고기와 물처럼, 임금과 신하가 가깝게 지내
야 한다는 것이야. 정조 임금의 뜻이지."

"그 위에 보이는 큰 건물에도 현판이 있는데, 무슨 글자죠?"

"어허, 이 녀석 무식하구나. 저것도 못 읽고."

"아니 사실은 제가 200여 년 후의 세상에서 와서…… 제가 사는
세상에서는 한자를 많이 쓰지 않거든요."

"이 녀석 말이 많구나. 집 주(宙), 합할 합(合), 집 루(樓), '주합루'
글자도 못 읽는 주제에. 1층에는 도서를 보관하고, 2층이 열람실이란
다. 28세에 과거에 합격하여 벼슬에 나아간 후에 정조 임금께서 나
를 초계문신으로 뽑아 주셨지."

"초계문신이 뭐예요?"

"정조 임금께서 벼슬아치는 관직에 있으면서도 열심히 공부해야
한다며 초계문신 제도를 두었다. 규장각에서 공부를 할 수 있었어.
문장에 재주가 있는 신진 관료를 임명하니 명예롭기도 하지만, 임금

앞에서 공부를 해야 하므로 여간 부담스러운 게 아니야. 한마디로 깐 깐했지. 그래도 책도 많이 보고, 학문이 높은 정조 임금으로부터 많은 것을 배울 수 있었어."

정약용 선생은 추억에 잠긴 듯하더니 다시 말을 이었다.

"내게 그토록 잘해 주시던 임금도 어쩔 수 없이 나를 밖으로 나돌게 하기도 했지. 5년 전쯤인가 금정역에서 돌아온 후에 한 10개월쯤 지났을까. 병진년(1796년) 겨울이었다. 다시 규영부에 돌아가 책을 교정하는 일을 하라는 임금의 명령이 있었어. 나와 이익진, 박제가 등이 임금의 부름을 받고 규영부에 들어가 함께 《사기》를 교정했다."

"규영부는 또 뭐 하는 곳이에요?"

"규장각을 규영부라고도 한단다."

"아, 아까 말씀하신 규장각이요? 그러니까 국립 왕실 도서관 같은 거네요? 왜 자꾸 용어를 헷갈리게 사용하는지 모르겠어요."

"네가 너무 모르니까 그런 거다, 이 녀석아. 그런데 《사기》를 교정하는 것은 책을 위한 일이 아니었어. 궁중에 여러 본이 갖추어져 있는데 무엇 때문에 교정을 하겠느냐. 나라를 위함도 아니었지. 사기를 교정하는 일은 우리를 위한 것이었다. 그 일로 궁중에 비장된 귀한 책들을 실컷 넘겨 볼 수 있었어. 임금께서 때때로 우리를 격려하기 위해 내놓은 음식은 그 덕이었지. 그해 12월에 실직에 복직하게 되고, 이듬해 봄에 또 임금의 명으로 동료들과 함께 《춘추》를 교정하면서 초여름까지 보냈다."

규장각에서 나와 걷다가 나무 그늘에 앉았다. 민이는 정약용 선생의 추억담을 계속 진지하게 열심히 들었다. 이런 태도가 선생은 마음에 드는 모양이었다.

"초여름에 나는 불쑥 한양을 떠났지. 이제 또 그렇게 떠나려고 한다."

"아니, 임금님이 그토록 잘해 주시는데 떠나시다니요? 혹시 문제가 있나요?"

"그래, 임금이 더욱더 잘해 주신 것이 문제였지. 나를 시샘하고 비방하는 무리들의 반대가 점점 더 심해졌어. 이제 그토록 잘해 주신 우리 임금 곁을 떠나야겠구나."

"네에? 정말요?"

민이는 옛날이나 지금이나 사람들 사이의 일은 비슷하다고 생각하면서, 공부 잘하고 똑똑한 준이를 떠올렸다. 박 선생님이나 선이가 준이만 좋아할까 봐 내심 불안했기 때문이다. 민이는 자신이 혹시 준이를 시샘하는 건 아닌지 생각해 보았다. 하지만 이 얘기는 차마 정약용 선생에게 할 수 없었다.

민이가 생각에 잠긴 사이 선생의 얼굴이 어두워졌다. 하지만 민이를 바라보더니 다시 표정을 밝게 하고 말했다.

"그래, 이제 고향에 내려가려고 한다. 이미 임금에게 사직하는 상소를 올려놓았다. 아직 허용하지 않았지만 분위기 때문에 임금도 허용하실 수밖에 없을 것이다. 사실 나로선 임금의 부담을 덜어 주려는 의도도 있단다. 내가 공직에 나온 지 벌써 11년이다. 처음 과거에 급제하여 공직에 나오면서 다짐했다. 공렴! 즉 공정하고 청렴한 공직자로 나라에 봉사하자고. 그리고 절대 자리에 연연하지 않겠다고."

"선생님, 제가 선생님에 관해 궁금한 게 엄청 많아요. 언제 시간을 충분히 내어서 뵙고 이야기를 듣고 싶은데요."

"그래? 내가 곧바로 고향으로 내려가지 않고, 그동안 관직 생활을 하면서 연고가 있는 곳을 한번 둘러 보려고 한다. 그때 함께하면 되겠구나. 네가 아까 말한 수원 화성에도 갈 게다."

"아, 일종의 추억 여행이군요. 저는 완전 좋죠! 제가 할아버지 여행하실 때도 잘 모시고 다닌 적이 있답니다. 제가 좀 재빠르거든요."

"아하, 그 녀석 기특하구나. 좋다. 데려가마! 한 달 후에 보자. 그때쯤이면 쉬고 있을 게다. 그럼, 그날 한강변 배 마을에서 보자꾸나."

"한강변 배 마을이라면?"

"이촌동 말이다. 며칠 걸릴 테니 여행 준비를 하고 오너라."

"예, 알겠습니다!"

민이는 정약용 선생과 작별하고 명륜당으로 돌아갔다. 문을 열고 들어서니 박 선생님과 선이, 준이, 그리고 다른 친구들이 기다리고 있었다.

"도대체 어디 갔다 온 거야? 아이스크림 사 왔어."

아이스크림이 시원하고 맛있었다.

"응, 정약용 선생님과 규장각에 다녀왔어."

"뭐라고?"

모두들 농담하는 걸로 받아들였다.

'어떻게 설명하겠어. 사실대로 말해 봐야 나만 웃기는 녀석이 될 텐데. 그런데 정약용 선생님은 왜 관직을 그만두려고 하는 걸까? 무슨 일이 벌어진 걸까? 나중에 만나면 차차 알게 되겠지.'

민이는 화제를 바꾸려는 심산으로 박 선생님에게 물어보았다.

"선생님, 정조 임금은 어떤 분이셨어요?"

"글쎄, 그렇게 물으면 뭐라 해야 할까?"

갑작스럽고 막연한 질문에 박 선생님이 바로 대답하지 않자 옆에서 준이가 말했다.

"조선 후기 22대 임금이고, 개혁 군주이죠. 영조의 손자이고, 사도 세자의 아들이고, 순조의 아버지이죠."

선이도 덧붙였다.

"수원 화성을 지었고, 규장각을 설치했죠."

"그래그래. 준이도 선이도 잘 말했다. 문예를 진흥시키고 실학을 진흥시킨 임금이기도 했지. 화가 김홍도가 정조 때 활약했고 박지원,

이덕무, 박제가 등 실학자가 정조 때 활약했다. 이 밖에 많은 인물들이 정조 때 활약했어. 역사를 돌아봤을 때, 훌륭한 임금 밑에서 훌륭한 인재도 많이 나오는 것은 왜일까? 임금이 인재를 알아보고 등용하기 때문 아니겠니?"

"정조 때 활약한 분으로 정약용도 있습니다."

"그렇지. 민이 말이 맞다. 정조와 정약용의 만남을 풍운지회(風雲之會)라고 표현하기도 한단다."

"풍운지회요?"

"그래. 범이 바람을 만나고 용이 구름을 만난다는 뜻인데, 영웅이 기회를 얻는 것, 현명한 군주와 어진 신하가 만나는 것을 비유하기도 하는 단어지."

점심을 먹고 한참을 함께했는데도 해가 아직 높이 있었다. 마침 오늘은 여름날 가운데 낮의 길이가 가장 긴 하지였다.

[1] 처사(處士): 벼슬을 하지 아니하고 초야에 묻혀 살던 선비.
[2] 진사과: 5품 이하의 관리나 향교. 사부 학당의 학생이 응시하여 제술을 겨루던 시험. 합격자에게는 성균관 입학 자격과 문과 응시 자격을 주었다.
[3] 선정전: 창덕궁 안에 있는 임금이 평상시에 거처하는 궁전.

2

수원에
화성을 짓다

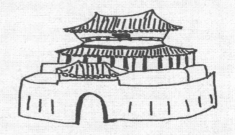

민이는 선이에게 말하고 싶었지만 꾹 참았다. 성균관에서 정약용 선생을 만났다는 사실 말이다. 너무도 생생한 만남이었지만 도저히 말할 수가 없었다. 논리적으로 말이 안 되는데 과연 믿어 줄까? 선이가 자기를 이상하게 볼 것 같았다.

하루 이틀이 지나자 한 달 전 생생했던 만남의 기억도 희미해졌다. 내심 오늘 정약용 선생과 만나기로 한 약속도 믿을 수가 없었다. 그런데도 오늘 새벽에 민이는 일찍 잠이 깼다.

간단히 꾸린 백팩을 메고 집을 나섰다. 이촌 한강 공원에 도착했을 때는 아직 날이 새지 않았다. 서쪽으로 한강대교의 불빛이 강물에 비치고, 다른 편 동쪽에는 동작대교의 불빛이 강물에 비치고 있었다. 벌써 일터로 나가는지 거리엔 자동차가 달린다. 아니, 퇴근길일 수도 있겠다. 도시는 밤에도 잠들지 않는다.

동녘 하늘이 살짝 밝아지면서 강에 안개가 서서히 모여들었다. 다리와 대로의 가로등 불빛이 흐려졌다. 날은 밝아졌지만 사방이 온통 안개로 덮여 버렸다. 얼마나 지났을까. 그리 긴 시간은 아니었다. 강 쪽에서 흐릿한 그림자가 다가왔다. 자세히 보니 옛 나룻배가 다가오고 있었다. 배 앞에 한 선비가 서 있었다.

'정약용 선생님이다!'

의심의 여지가 없었다. 한 달 전 성균관에서 본 바로 그 정약용 선생이었다.

"어서 타거라. 잘 지냈느냐!"

강변의 약간 높은 곳에 옆으로 배를 대자 민이는 날렵하게 배 안으로 뛰어내렸다.

"네, 선생님! 그간 안녕하셨습니까?"

민이는 선생이 너무도 반가웠지만 스스로 말투가 공손해짐을 느꼈다.

"전에 관직을 그만둔다 하셨는데 그만두셨는지요?"

"그래, 그만두었지. 우리가 만난 지가 한 1년 되었나?"

"네? 1년이라고요? 한 달 지났는데요? 한 달 지나고 만나기로 한 것 아니었나요?"

"그래, 한 달 지나고 만나자 했지. 그런데 내가 그때 부득이한 사정이 있어 약속을 지키지 못했구나. 그래서 늘 미안하게 생각했는데, 오늘 여행길에 너를 만난 것이다. 이런 게 인연인가 보다. 아마 내가 미안한 마음이 커서 다시 널 보게 된 것 같기도 하고."

민이는 의아했다. 시간 여행지의 시간이 자신이 사는 곳의 시간과 똑같이 흐르는 것은 아닌 모양이었다.

'그런데 어떻게 이렇게 딱 만나게 된 거지?'

민이는 무척 궁금했지만 선생도 이유를 알지 못하는 듯했다.

"아무튼 이렇게 만나서 다행이고 반갑습니다. 그런데 오늘은 어디로 가시는 건가요?"

"전번에 말했던 수원 화성 여행이다. 어차피 수원 화성은 너랑 함께 여행할 운명이었던 모양이다. 수원 화성에 갔다가 안산으로 들러서 다녀 볼 예정이다."

"와, 신난다! 그런데 이런 배를 타고 갈 줄 몰랐습니다."

돛을 단 배가 한강을 기분 좋게 미끄러져 복판으로 나아갔다. 하얀 옷을 입은 검은 피부의 아저씨가 능숙하게 노를 저었다. 어느새 안개가 모두 걷혔다.

'앗! 강변도로도 차도 보이지 않는구나. 빽빽한 아파트도 고층 빌딩도 모두 사라져 버리다니.'

드문드문 초가집이 보일 뿐이었다. 뒤로 남산이 보이고 멀리 북한산이 보였다. 남쪽엔 관악산이 보였다. 선명해서 훨씬 가까이 보였다.

'다시 시간을 넘어왔나 보다. 200여 년 전이겠군. 참으로 조용한 아침의 나라답네.'

민이는 평화로운 강을 보다가 새삼스럽게 동작대교, 한강대교도

사라졌다는 걸 깨달았다. 그리고는 자기도 모르게 소리쳤다.

"어, 다리가 사라졌어!"

정약용 선생은 돌아보며 말했다.

"하하, 다리야 임금께서 사용하고 흩어졌지."

"예?"

"배다리를 말하는 것 아니냐?"

"아, 예. 배다리."

민이는 학교에서 배운 배다리가 생각났다.

"그게 근데 누가 만들었죠?"

"정조 임금이 명하여 만들었지. 기유년(1789년) 겨울에 만들 때 나도 참여했었다. 그때 나이 28살, 벼슬에 막 나온 해였단다. 참으로 팔팔하던 때였지."

"이 넓은 한강 사이를 배들로 연결해서 다리를 만들었다니 믿기지 않아요. 도대체 어떻게 만드셨어요?"

"쉽지 않았단다. 대단한 작업이었어. 먼저 가장 큰 배를 강 한복판에서 상류를 향하여 닻을 내리게 하고 그보다 작은 배들을 크기 순으로 나란히 배치했다. 모두 36척의 배가 동원되었지. 배를 연결해서 그 위에 나무판을 깔았는데, 가장 큰 배가 있는 곳이 볼록하여 전체적으로 완만한 무지개 모양의 길을 이뤘어."

"그 위로 사람도 지나고, 말도 지나가고 했나요?"

"물론이다. 강 양쪽에 홍살문[4]을 세우고, 가운데 연결된 큰 배에도 홍살문을 세웠지. 정조 임금이 즉위 13년(1789년)에 만들어 보시더니 기술을 발전시켰어. 을묘년(1795년)에는 11일 만에 배다리를 만들 수 있었단다. 안전하고 아름다운 배다리였다. 노들강변에 배다리를 만들자 과연 장관이어서, 강 양쪽으로 많은 사람이 모여든 대단한 구경거리였지."

배다리는 지금의 한강대교, 한강철교 근처에 용산과 노량진을 잇는 길이라는 것은 민이도 알고 있었다. 한 달 동안 몇 가지 공부한 덕이었다.

"그런데 정조 임금님은 왜 배다리를 만들었나요?"

"처음엔 사도 세자 무덤을 이전할 때 만들었단다. 나중에 을묘년에 어머니 태빈(혜경궁 홍씨)을 모시고 수원 화성으로 갈 때 또 이용했어. 그해 나는 임금의 명으로 병조[5] 참의가 되어 임금을 호위하여 함께 갔는데 바로 어제 일같이 생생하구나."

정약용 선생은 그때를 회상하면서 얼굴이 밝아졌다.

"지난번 내가 너를 만난 무렵에 관직을 정리하고 고향에 내려갔지. 며칠 후 정조 임금께서 그 소식을 듣고 곧 다시 부르겠다고 하셨다. 그런데 며칠 전에 궁궐에서 사람이 왔어. 내각의 아전이었지. 임금이 하사하신 책《한서선》과 함께 임금의 말씀을 전해 주었단다."

"무슨 말씀인가요?"

"주자소 벽을 새로 발랐으니, 와서 책 편찬 작업에 동참하라는 말씀이었어. 그믐께쯤에 경연에 나올 수 있도록 준비하라는 거야."

주자소는 활자를 만드는 곳이다. 정조 임금은 책을 간행하는 일에 관심이 높아서 활자를 만드는 데 신경을 썼다. 경연은 학식이 높은 학자에게 임금이 가르침을 얻는 자리였다.

"그믐이면 얼마 남지 않았네요?"

"그래. 임금의 부르심을 따를지는 고민해야겠지만, 어쨌든 이 여행은 일주일 내에 마치는 게 좋겠다."

"네, 알겠습니다. 그런데 선생님은 왜 관직을 그만두셨습니까?"

"나를 공격하는 사람이 많아서 그랬단다."

"왜 공격해요? 무슨 이유로요?"

"내가 사교를 믿는다는 거였지."

"사교라뇨?"

"서양에서 들어온 서교(西教, 천주교)를 사교라고들 말하지."

이때 민이와 선생이 탄 배가 동작 나루 쪽에 닿는 바람에 대화가 중단되었다. 배가 강변에 닿자 배를 타려는 사람들이 몰려들었다. 대부분 흰옷을 입은 사람들이었다.

'흰옷의 나라!'

배에서 내려 앞장서서 가던 정약용 선생이 갑자기 민이를 향해 고개를 돌리고 목소리를 낮춰 속삭였다.

"네 행색을 보아하니 좀 이상한 데가 있구나. 혹시 천주교도는 아니더냐?"

민이도 작은 목소리로 대답했다.

"아닙니다요. 전 성당에도 가 보고 절에도 가 보았지만, 신도는 아닙니다. 그저 인문인이라고나 할까요? 키킥. 선생님은요?"

"난 한때 천주교에 깊은 감화를 받았지만 지금은 아니다."

선생의 안색이 어두워지더니 이내 민이를 쳐다보며 말했다.

"아무튼 조심해야 하느니라. 지금 천주교도로 몰리면 붙잡혀서 성하지 못할 게야."

"네? 천주교 믿는 것도 죄가 되나요? 왜 천주교를 믿는 것이 죄가 되나요?"

"나라에서 금지하고 있지 않느냐?"

"왜 나라에서 금지하죠?"

선생은 민이를 빤히 바라보았다. 그리고는 아무 말도 하지 않았다. 한참 가다 보니 인적이 뜸해졌다. 그제야 선생은 말을 이었다.

"그건 우리 조선의 질서를 어지럽히기 때문이다. 얼마 전에 청나라 신부 주문모가 숨어들어 와서 체포령이 내려졌단다. 그를 숨겨 준 조선 사람이 붙잡혀 조사 과정에서 죽임을 당했어."

"네? 정조 임금님은 천주교를 탄압하지 않잖아요."

"맞다. 내 생각엔 그 세 사람이 조사 과정에서 죽게 된 데는 오히려 탄압 국면이 커지지 않도록 하려는 뭔가의 속셈이 있었던 것 같다. 지금 조정과 재야에는 천주교를 구실로 정적들을 대대적으로 탄압하고 권력을 잡으려는 세력이 있거든. 정조 임금은 그런 구실을 주지 않으려고 노력하시는 게 분명해."

민이는 갑자기 두려움을 느꼈다. 마침 이때 포졸 두 사람이 다가왔다. 정약용 선생과 민이를 번갈아 쳐다보더니 선생에게 다소곳하게 묵례를 하고 지나갔다. 민이는 가슴이 쿵쾅거리다 안도의 한숨을 쉬었다. 소매로 얼굴의 땀을 닦았다.

배에서 내린 곳에서 이수교를 지나 주욱 남쪽으로 갔다. 사당 네거리 즈음을 지나자 길이 고개로 올라갔다. 남태령이었다. 배가 고팠다. 몇 시일까? 시계를 보니 멈춰 있었다. 그러고 보니 핸드폰도 먹통이었다.

'시간 여행으로 인해 뭔가 전자 기기에 교란 작용이 있었던 게 분명해. 아무튼 배가 고프니 밥 먹을 시간인가 봐.'

"선생님, 배고프지 않으십니까?"

"조금만 기다려라. 고갯길 오르기 전에 주막이 있을 게다."

선생 말대로 곧 주막이 나왔다. 다른 과객들도 있었다. 두 사람은 주막에 자리를 잡고 앉았다.

"주모, 여기 국밥 두 그릇 주시오."

"네, 알겠습니다."

민이는 국밥을 정신없이 먹다가 여쭈었다.

"선생님, 영조 임금님이 사도 세자를 왜 죽였죠?"

선생은 아무 대답이 없었다. 민이는 슬쩍 선생을 쳐다보았다. 굉장히 심각한 표정이었다.

'갑자기 괜한 걸 여쭸나?'

민이는 얼른 화제를 바꾸었다.

"아까 사도 세자 무덤을 수원 화성으로 옮겼다고 하셨는데, 왜였나요?"

"사도 세자의 죽음은 비극이었단다. 정조 임금은 그걸 늘 슬퍼하셨어. 배봉산 지역에 있던 묘소도 너무 급하게 장례를 치르면서 정한 곳이라 좀 더 좋은 곳으로 묘소를 옮겼으면 하셨지. 그러다가 수원 화성에 묘를 옮기고 그곳을 행정상 승격시켰단다.[6] 사도 세자의 무덤 이름도 현륭원(顯隆園)이라고 격을 높였어. 묘를 수원 화성으로 이장하고 나서는 매년 찾아가서 참배를 드렸어. 그래서 임금이 묵을 화성 행궁도 짓게 된 거다."

"정조 임금님은 정말 효성이 지극하셨군요."

"그럼. 효성만 지극하신 게 아니었어. 현륭원에 가는 길에 백성들의 어려움을 직접 듣기도 하셨단다. 궁중에서 신하의 말만 들은 게 아니라 직접 백성의 소리를 들은 게지."

"정조 임금님의 행차에 관해서는 저도 그림을 본 기억이 있어요.

청계천에서였던가?"

"청계천?"

"아무튼 제가 행차하는 그림을 본 적이 있거든요."

"단원 김홍도가 그린 〈반차도〉를 말하는 모양이구나."

"네, 맞아요!"

"그 그림은 을묘원행, 즉 을묘년(1795년)에 수원 화성에 어머니 태빈을 모시고 가는 모습을 그린 것이란다."

이때 주모가 저고리 한 벌을 갖다 주었다. 아까 정약용 선생이 주모에게 무슨 말인가 하는 것 같았는데, 바로 이 옷을 부탁한 모양이었다.

"민아, 이 저고리로 갈아입으렴. 네 행색이 천주쟁이로 몰리기에 딱이다."

단추가 없이 끈으로 묶는 게 좀 번거로웠지만, 입고 나니 허름한 게 편했다.

"저 어떻습니까?"

"하하, 보기 좋다. 자, 이제 밥을 먹었으니 떠나자. 갈 길이 멀다."

밥값과 옷값을 치르고 자리에서 일어났다.

남태령 고갯길은 제법 사람이 많이 다니는 길임을 알 수 있었다. 민이는 갑자기 고갯길에서 호랑이가 나오지 않나 궁금했다.

"선생님, 여기에 호랑이도 나오나요?"

"나오기도 하겠지."

"네에?"

민이는 갑자기 주변의 숲 속에서 호랑이가 노려보고 있다는 생각이 들자 등골이 오싹해졌다.

"하하, 걱정하지 마라. 이 고개를 '여우고개'라고 부르는데, 여우가 나오는 거로 보아 호랑이는 나오지 않는 모양이다."

"여우는 안 무서운 모양이네요."

민이는 조금 여유가 생겼다. 고개 정상에 올라 내리막길로 접어들었다.

"남태령이란 뜻은 무엇입니까?"

"남쪽으로 큰 고개란 뜻이지. 오늘 한강 건너 남쪽으로 내려오면서 처음 넘는 큰 고개지 않니."

"아, 그렇군요. 선생님, 을묘년 행차도 이곳으로 갔나요?"

"아니다. 을묘년에 간 길은 시흥 쪽이었지. 그전에는 이곳 남태령을 넘어 과천 인덕원을 지나 수원으로 갔다. 그런데 임금께서 시흥 쪽으로 새 길을 닦았지. 안양 쪽으로 해서 수원으로 갔단다."

그러고 보니 시흥, 안양 쪽에 새로운 도로가 집중되어 있는 것은 그때부터였던 모양이다.

"그쪽 길이 훨씬 평탄하긴 하겠지만 고개를 넘는 맛은 여기가 더 좋을 것 같아요."

"하하. 조금 전까지만 해도 헐떡거리더니 이제 내리막길이라 여유가 생긴 모양이구나. 자, 이제 수원 화성을 향해서 부지런히 가자꾸나. 어서 가자."

과천 쪽을 향해 가다 보니 온온사가 나왔다. 정조 임금이 이쪽으로 수원 화성을 갈 때 묵은 객사였다. 온온사를 지나 계속 가니 과천 향교가 나왔다. 인덕원에 이르자 날이 어두워졌다.

이튿날 인덕원을 나서 남쪽으로 계속 걸었다. 고개가 하나 나왔다. 지지대(遲遲臺) 고개였다.

"여기가 바로 지지대 고개다."

"지지대 고개요? 이름에 무슨 뜻이 담겨 있나요?"

"그럼. 이 고개는 한양과 수원 사이에 있는 고개야. 수원에서 돌아오다가 이 고개를 넘게 되면 더 이상 수원은 보이지 않게 되지. 그래서 정조 임금이 돌아오실 때는 한양으로 넘어가기 전에 아버님 묘소를 멀리 바라볼 수 있는 이 고개에서 행렬의 속도를 늦추었단다. 행렬이 지체된 거지. 그래서 느릴 지(遲) 자를 써서 지지대라 했다."

"아하, 지지대란 이름에서도 정조 임금님의 효심을 살필 수 있군요. 우리는 방향이 다르니 빨리 걷는 게 좋겠네요? 그럼 속도대라 해야겠어요. 하하."

"수원 화성에 빨리 가고 싶은 모양이구나."

"아니요. 빨리 주막에 갔으면 해서요. 배가 고프거든요."

"하하하."

주막에서 점심을 맛있게 먹은 후 수원으로 길을 향하려는데 조랑말과 소달구지를 몰고 가는 농부를 만났다. 마침 가는 길이 같아서 정약용 선생이 밥값을 대신 치러 주고 신세를 지기로 했다. 선생은 조랑말에 걸터앉고, 민이는 소달구지 위에 걸터앉았다. 소달구지가 덜커덩덜커덩 움직이자 민이는 신이 났다.

"엉덩이가 좀 불편하지만 그래도 재미있네요."

"그래, 우리나라는 수레가 발전해야 하는데."

"정말 큰 짐을 지게로 진 것은 많이 보이는데 수레를 보기 힘드네요."

"청나라에 다녀온 연암 박지원 선생이나 초정 박제가 선생은 입을 모아 말하지. 수레를 발전시켜야 한다고. 난 그분들의 말이 맞는다고 생각한다. 우리나라가 산이 많고 길이 좁아 수레가 불편하다고 하지만, 그것이 수레를 쓰지 못할 이유일 수는 없지. 오히려 수레가 다닐 수 있도록 길을 잘 닦아야 해. 당장 편하다고 지게만 이용하는 것은 발전에 한계가 있어."

'정약용 선생님은 모르시겠구나. 지금 지나온 길이 얼마나 새롭게 바뀌어 버렸는지. 가만 보니, 옛길은 고갯길 빼고는 모두 넓은 도

로로 덮여 버렸어. 그 위로 지금 얼마나 많은 자동차가 달리고 있는데.'

선생의 말을 들으면서 민이는 속으로 생각했다.

"연암 박지원, 초정 박제가라면 모두 실학자 아니십니까? 선생님 말씀이 지당하고말고요. 좋은 길을 잘 만들어 놓으면 이용할 일이 더욱 생길 것 같아요. 수레의 쓰임새야 두말하면 잔소리고요."

여러 마을을 지나 너른 평야를 계속 가는데, 저 앞에 큰 건물이 서서히 땅 위로 올라온다.

"선생님, 웬 건물이 땅 위로 올라옵니다."

"어허, 그것은 지구가 둥글다는 이치이니라. 네가 어찌 그걸 아느냐?"

'앗, 그 뜻이 아닌데. 맞다. 이때는 대부분 사람들이 지구가 평평하다고 생각했는데, 정약용 선생님은 지구가 둥글다고 생각한 실학자였지. 깜빡했네.'

민이는 재빨리 말을 이었다.

"아니, 그게 아니고요. 정말 웅장한 성문이 보이기 시작했어요."

"그래, 바로 수원 화성에 다 왔다. 장안문이란다."

수원 화성을 사진 속에서 보았을 때는 도시 속에 있어서 실감이 안 났는데, 고층 빌딩이 없는 여기서 보니 웅장한 성문과 성곽이 압도적인 느낌을 주었다.

"임자년(1792년)이었다. 내 나이 서른하나. 아버님이 돌아가셔서 아버님 묘를 지키고 있는데, 임금께서 내게 명령을 내리셨단다. 수원 화성을 설계하라는 명령이었지. 벼슬을 한 지 3년째였는데 분에 넘치는 임무였다."

"무슨 겸손의 말씀이십니까? 선생님께서는 능력이 출중하시잖아요. 하긴 좀 궁금증이 생기긴 하네요. 선생님은 공자 왈 맹자 왈 주로 유교 경전만 공부해서 벼슬을 하셨을 텐데, 언제 그런 설계를 배우셨어요?"

"다 책을 보고 하는 거지. 명나라에서 성 만드는 기술을 적은 책, 류성룡 선생이 성에 관해 쓴 책 등을 두루 참조했단다."

"정조 임금님은 다른 경험 많은 대신들도 많을 텐데 왜 벼슬 3년째인 선생님에게 맡겼을까요?"

"음, 좋은 질문이다."

"일단 임금께서는 배다리 공사 때 내 활약을 주목하셨던 모양이야. 한마디로 찜을 해 둔 거지, 하하. 그리고 내가 어차피 출근을 안 하고 집에서 여막살이를 하고 있는 기간이라서 말이다."

"여막살이라뇨?"

"부모님이 돌아가셔서 묘를 지키는 것을 말하는데, 그걸 모르느냐? 우리나라는 유교 국가 아니냐."

"아, 예. 들어 본 것 같습니다. 유교 국가요. 암튼 일종의 휴직 상태였군요. 요즘 같으면 육아 휴가 같은……."

"뭐라고?"

"아뇨, 계속 말씀하십시오."

"지금 생각해 보니 임금께서 무엇보다 새로운 성을 바라셨던 것
같다. 경험보다 새로움에 중점을 두었다고 할 수 있겠지."

"그렇다면 수원 화성은 종전과 다른 전혀 새로운 성이었단 말씀
입니까?"

"이 녀석 참 과격하구나. 어찌 전혀 새로울 수 있겠느냐? 성이란
것을 그렇게 만들 순 없지. 그러나 몇 가지 새로운 시도는 알아주었
으면 한다. 우선 수원 화성은 읍성 강화론을 반영한 것이다. 읍성에
다 군사적 기능을 강화한 것이지."

"제가 아는 성은 서울에 있는 성을 제외하고는 주로 산성인데요.
남한산성 같은……."

"그래. 읍성은 행정적 기능 정도에 만족하고, 전쟁 때 군사적 기
능까지 갖추지 못한 게 일반적이었어. 전쟁이 일어나면 주로 산성에
서 싸우게 되지. 그런데 여기 수원 화성을 보아라."

민이는 정약용 선생이 가리키는 곳을 보았다. 낮은 산 위에 지휘
소 같은 망루가 서 있었다.

"저 산은 팔달산이다. 수원 화성은 기본적으로 읍성이라 할 수
있지만, 팔달산을 배경으로 한 게 산성으로서의 요소도 없지 않지.

아무튼 군사적 기능을 살리도록 최선을 다했단다. 저 건물의 벽돌을 보아라. 또 성곽은 무엇으로 구성되어 있느냐?"

"어디죠? 아, 예. 벽돌이 보이는군요. 근데 건물 아랫부분은 돌을 깎은 것인데요? 돌을 주로 하고 벽돌로 보완한 건가요?"

"맞다. 요즘 박지원 선생 등을 비롯해서 벽돌을 쓰자고 주장하는 분들이 많다. 벽돌이란 게 하나하나로는 약하고 작지만, 만들고 운반하기 쉽고 성이 포탄을 맞아도 그 부분만 파괴되고 보수도 쉽다. 그러나 갑자기 벽돌로만 된 성을 만들기에는 부담이 컸지. 아직 벽돌 만드는 기술이 믿을 만하지 못한 데다, 이제껏 성을 돌로 쌓아 온 기술이 축적되어 있었기 때문이다. 그래서 돌로 쌓는 것을 원칙으로 하고 벽돌을 보완책으로 삼은 것이지."

성곽 아랫부분에 무슨 글씨 같은 게 쓰여 있었다. 민이가 가까이 가서 보니 사람 이름이 한자로 쓰여 있다.

"선생님, 이게 뭐죠?"

"공사 담당자들 이름이란다. 이런 힘든 공사를 충실하게 한 자랑스러운 사람들이 누구인지 알 수 있지. 혹여 나중에 쉽게 부서진다면 누가 잘못했는지도 알 수 있고."

"아하, 공사 실명제군요."

민이는 자기가 말해 놓고 재미있다는 듯 웃었다.

"공사한 사람의 이름을 밝히는 제도라. 그래그래, 그런 뜻이지.

공사에 참가한 인부들에겐 노임도 지불했단다. 세종대왕 때는 없었던 모습이야."

"세종대왕 시절에는 의무 노동이었지만, 이때는 임금 노동이었군요. 아무리 그래도 성곽 공사는 매우 힘들었을 것 같아요. 저렇게 큰 바위를 어떻게 운반하죠?"

"그래서 임금께서는 내게 특별히 책을 보내 기구를 만들게 했단다."

"맞아요. 저도 찾아보아서 알고 있습니다. 거중기 말이죠?"

"그렇다, 거중기. 서양 과학 기술을 응용한 거지."

"서양 과학 기술이라고요?"

"임금께서 내게 책을 보내 주셨다. 《고금도서집성》에 들어 있는 《기기도설》이란 책이었지. 학문을 좋아하는 정조 임금께서 즉위하자마자 거금을 들여 중국에서 《고금도서집성》을 사들이게 했지. 이름에서 알 수 있듯이 고금의 모든 도서를 모은 책이다. 중국에서 모든 지식을 엮어서 책을 편찬하려고 준비했는데, 이때 기본이 된 책이 《고금도서집성》 가운데 들어 있던 《기기도설》이란 책이었다. 이 책에는 무거운 물체를 쉽게 끌어 올리는 방법을 소개하고 있었다. 이를 응용하여 《기중가도설》을 지어 바쳤다."

"그 책을 바탕으로 거중기를 만들었군요."

"그렇지. 그 도설에 따라 거중기를 만들었다. 나중에 임금이 말쏨하셨지. 그 기구로 인해 4만 냥을 절약했노라고."

"와 정말 대단하네요!"

장안문을 들어가 화성 행궁으로 향했다. 화성 행궁은 정조가 아버지 사도 세자의 묘소에 가는 길에 묵었던 궁이다. 거리의 간판이 온통 한자로 쓰여 있어서 읽기 힘들었다. 그래도 화성 행궁 문에 쓰인 간판은 읽을 수가 있었다. 한 달 동안 선생과의 만남을 기다리며 수원 화성에 관한 글을 읽어서인지도 모른다. '신풍루(新風樓)'라는 말은 중국 고전에서 따온 것 아니었나 싶었다. 그때 정약용 선생이 말했다.

"이 안에 봉수당이 있는데, 이곳에서 혜경궁의 회갑연이 있었지. 효심은 어른을 공경하는 것과 통해. 낙남헌에서 나이를 많이 먹은 노인들을 모아 잔치를 베푼 것도 그런 뜻이야. 어머니의 회갑을 맞은 기쁨을 백성과 함께한 것이지. 이곳에 들어가는 것은 번거로우니 저 위로 올라가자. 서장대에 가면 전망이 좋거든."

가파른 숲길을 통해 오르니 서장대가 나타났다. 주위 사방의 경관이 한눈에 들어왔다.

"전에 이곳에서 정조 임금이 계신 가운데 야간 군사 훈련이 있었는데, 대단한 볼거리였지."

서장대에서 성곽을 따라 죽 내려왔다. 한참을 내려오니 다시 장안문이었다. 계속 걸으며 정약용 선생이 말했다.

"수원 화성에서 방화수류정을 빼놓을 수 없지. 저기 화홍문과 방화수류정이 보이는구나. 저곳에서 좀 쉬었다 가자. 임금께서 을묘 원행 때 수원 화성 마지막 날 들렀던 곳이지."

방화수류정에 올라갔다. 성곽 바로 밖으로 아름다운 연못과 들 이 펼쳐져 있고 멀리 산들이 보이는 게 전망이 좋았다.

민이는 새삼스럽게 정약용 선생에게 고마운 마음이 들었다. 그런 데 한 번도 말씀드리지 못한 것 같아 우물쭈물하며 입을 떼었다.

"선생님, 정말 감사합니다. 이런 귀중한 기회를 주시고……."

"내게는 4년 전 추억을 되살리는 소중한 여행이다. 바로 을묘원행 에 참여했던 일 말이다. 동행이 되어 줘서 오히려 내가 고맙구나."

민이의 얼굴에 미소가 번졌다.

"그런데 선생님, 정자가 전투가 이뤄지는 성곽에 어울리지 않는 데요? 이렇게 아름다운 정자가 있을 곳이 아닌 것 같다는 생각이 듭 니다."

"그래, 그런 의견이 없지 않았다. 그때 임금께서 하신 말씀이 있 었다. 아름다움이 적의 기를 꺾을 수 있을 것이라고."

"예? 무슨 말씀인지 모르겠어요."

"웅장하고 화려하게 꾸미는 것이 적의 기를 빼앗아 적을 방어하 는 데 도움이 된다고 말씀하셨지."

"아, 생각해 보니 침략자의 입장에서 성곽의 웅장함과 아름다움을 보면 뭔가 다른 느낌이 생길 것 같아요. 문명에 대한 동경이랄까 경외감이랄까."

"그렇지, 그렇지. 바로 그거다."

정약용 선생이 환하게 웃었다.

방화수류정에서 내려다보니 화홍문을 지나는 물길이 시원해 보였다.

[4] 홍살문: 궁전, 관아, 능, 묘 등의 앞에 세우던 붉은색을 칠한 나무 문. 둥근 기둥 두 개를 세우고 지붕 없이 붉은 살을 세워서 죽 박는다.

[5] 병조: 군사와 역참에 관한 일을 맡아 보던 관아.

[6] 지금의 수원과 화성은 같은 행정 구역이었다.

3

의심하고
질문하라

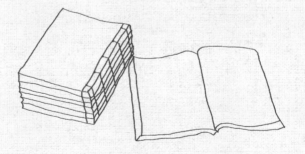

"선생님, 이제 어디로 가십니까?"

"안산에 있는 성호 이익 선생님 댁에 가려고 한다."

"실학자 성호 선생님 말씀입니까?"

"맞다."

"성호 선생님이 살아 계세요?"

"아니다. 오래전에 돌아가셨지. 내가 태어난 이듬해에 돌아가셨단다."

자리에서 일어나서 발길을 옮기며 선생은 계속 말을 이어 갔다.

"16세쯤이었지. 한양에 온 지 얼마 안 된 때였어. 난 여러 선배 형님들을 따라다니면서 그분이 남기신 글을 처음 읽었어. 그때 난 결심했다. 그분처럼 훌륭한 학자가 되겠다고."

선생은 회상에 젖은 듯한 표정이었다.

"꿈속 같은 내 생각이 성호 선생님의 책을 읽으면서 명확해진 바가 아주 많았다. 난 직접 성호 선생님을 뵌 적이 없지만, 채제공 대감이 경기도 관찰사(지금의 도지사)였을 때 선생을 찾아뵙고 그 인상을 말씀해 주신 적이 있지."

"채제공 대감이요?"

"그래. 당시 81세였던 성호 선생님은 낮은 처마의 낡은 집 아래 단정히 앉아 계셨는데, 눈빛이 형형하여 쏘는 듯하고 성긴 수염은 아래로 허리띠에까지 드리워 있었다고 하시더구나. 채 대감이 절을 하기도 전에 이미 숙연하게 공경심이 일었는데, 가까이 다가가니 화평하고 너그러우셨다는 거야. 경전을 담론할 때는 고금을 넘나들며 끌어내어 말씀하시어 전에 듣지 못한 것을 들을 수 있었다는데 난 남긴 저서로나 읽을 수 있을 뿐이지."

정약용 선생은 아쉬운 듯 잠시 쉬었다 말을 이어 갔다.

"이 만남이 있은 지 2년 후에 성호 선생님은 83세의 인생을 마감하셨어. 채 대감은 선생의 학문을 꾸밈을 제거하고 실제에 힘썼다고 평가했지. 예를 논한 것은 사치를 버리고 검소함을 따른 것이었고, 경세제민[7]을 논한 것은 위를 덜어 아래에 보태는 것이었다고 요약했어."

"선생님, 성호 선생님 댁은 자주 가셨나요?"

"아니다. 자주 갈 시간이 어디 있었겠느냐. 돌이켜 보니 돌아가신 아버님과 함께 성호 선생님 댁에 찾아갔던 기억이 어제만 같구나. 22세 때 진사과에 합격한 후였지. 충주 하담에서 성묘를 마치고,

진천을 거쳐 안산으로 갔지. 안산에는 충주 하담에 모신 윗대 선조의 묘소가 있기 때문이었다. 선산의 묘소에서 성묘한 뒤에 성호 선생님의 옛집에 들르고 묘소에 참배했단다. 아버지와 함께 말이야. 그때 내가 쓴 시가 기억나는구나."

"어떤 시였어요?"

"대략 이런 내용이다. 도(道)의 맥이 우리나라에서 뒤늦게 설총[8] 때부터 시작되었는데, 끊이지 않고 이어져 내려와 이색, 정몽주의 충의 정신으로 발현되었고, 퇴계 이황 선생이 주자학을 잘 정리했고, 그런 것들이 모두 성호 선생님께 모였으니, 내 한번 성호 학문을 제대로 공부해 보겠다는 의지를 넌지시 담아 본 시였다."

"학자가 되려면 공부만 해야 하는 것 아닌가요? 관직에 있으면서 공부하시긴 힘들 것 같은데."

"하하. 그렇지. 아무래도 시간이 많아야 하니까. 그렇다고 벼슬에 있으면서 공부의 뜻을 접은 적은 없다. 틈틈이 책을 읽었단다. 워낙 임금께서 학문을 좋아하시니까 신하로서 공부를 소홀히 할 수 없었어. 규장각 초계문신 자리는 공부 동기를 유발시켰지. 특히 직무와 관련된 책은 부지런히 찾아 읽었다. 언젠가 시간이 난다면, 본격적으로 공부를 하고 싶구나."

정약용 선생은 진지했다.

"이제 거의 다 왔다."

야트막한 언덕에 오르니 묘소가 있었다.

"이곳이 바로 성호 선생님의 묘소다."

큰절로 참배한 후 근처 나무 그늘에 앉았다.

"성호 선생님은 어떤 분이셨나요?《성호사설》을 쓴 실학자로만 알고 있는데."

"성호 선생님은 참 불우하셨다. 숙종 때 높은 벼슬을 하신 매산 이하진 선생의 막내아들로 태어나셨지. 태어난 지 얼마 안 되어 아버지가 유배지에서 운명하셨단다. 이잠 형님의 가르침을 받아 공부를 하셨는데, 이잠 형님은 곤장을 맞아 돌아가셨다. 경종 임금이 왕세자일 때 신료들이 왕세자 보호를 소홀히 한다고 비판했다가 숙종 임금의 미움을 받은 거지. 조정의 신료를 모조리 비판하니 숙종 임금이 화가 나신 거야. 그 사건이 있은 후로 성호 선생님은 과거 공부를 포기하고 오로지 학문에 매진하셨다."

"참 안타깝네요. 그분이 벼슬을 하셨으면 큰일을 하셨을 텐데요."

"하지만 학문에서 큰 업적을 남기셨지. 채제공 대감이 말씀하시길, 그분이 관직에 나아가지 못한 것은 한 세대의 불행이지만, 그로 인해 남긴 학문적 영향을 생각하면 만 세대의 행운이라고 하셨다. 관직에 나아가 뜻을 펴지 못한 것은 아쉽지만, 후학을 길러내고 저서를 남긴 것은 큰 은택을 베푸신 것이지. 나도 그분 책에서 영향을 받은 것이 한두 가지가 아니란다."

"책에서 읽었는데 안정복, 권철신 두 분도 성호 선생님의 제자 아니십니까?"

"맞다. 모두 훌륭한 분이지. 제자가 어찌 그 두 분뿐이겠느냐. 학문이 넓으시니 많은 제자들이 따르게 되었다."

"근데 성호 선생님의 스승은 누구신가요?"

"아까 말한 이잠 형님이 공부를 가르쳤지. 이잠 형님이 돌아가신 후로 딱히 다른 스승은 없었다. 그러나 책이 있지 않으냐. 아버지 이하진 선생께서 중국에 사신으로 가셨을 때 중국 황제에게 은을 상으로 받았는데, 그것으로 많은 책을 사 오셨단다. 바로 그 책들이 스승인 셈이다."

"책이 스승이라고요?"

"그럼. 선생님은 유학 경전을 빠르게 읽으면서 머리에 떠오르는 중요한 생각들을 적으셨다. 빠르다는 뜻의 '질(疾)'이 들어간 '질서'라는 이름이 붙은 저술을 내셨지. 가령 《가례질서》, 《논어질서》, 《맹자질서》 등이 그런 책이다. 선생님은 아무리 권위 있는 사람의 설명이라도 의심을 품고 탐구해야 한다고 말씀하셨어. 바로 '회의'라 할 수 있지. 그저 해 온 이야기니까 그냥 따라서는 제대로 된 학문을 할 수 없다. 일단 의심을 품고 탐구해야 선현의 설명을 제대로 이해할 수 있고 스스로 터득하는 바가 생긴다는 것이야. 바로 '자득(自得)'이지."

"경전을 읽으면서 중요한 생각이 떠오르면 바로 적는다고요? 맞아요. 아무리 중요한 생각도 적어 놓지 않으면 잊어버리니까요. 그런데 의심을 품는다는 건 좀 건방진 것 아닌가요?"

"아니다. 의심을 품는다는 것은 공부하는 사람으로서 갖춰야 할 기본 태도다. 권위를 무시하는 게 아니라 권위에 무조건 따르지 않는다는 거야. 학문이 발전하는 것은 바로 이 지점에서다. 선생님은 '불치하문(不恥下問)'이라 하여 모르는 것을 부끄러워하지 말고 모르는 것은 아랫사람에게도 물어야 한다고 하셨지. 건방진 것과는 거리가 멀어. 공부하는 사람은 겸손한 법이야. 누구에게든 물을 수 있고, 어떤 권위에도 주눅 들지 않고 다시 생각해 보는 자세가 필요한 거지."

민이는 어떤 태도로 공부해야 하는지 한 번도 생각해본 적이 없지만, 선생의 이 이야기가 무척이나 재미있었다.

"이런 태도로 보자면, 성호 선생님은 이미 알게 된 지식이나 고정 관념에 얽매이지 않고 개방적인 태도를 갖췄다고 할 수 있다. 서학에 대한 태도에서도 확인할 수 있지. 그동안 한자로 쓰인 서학서가 우리나라에 흘러들어 왔지만, 그것을 제대로 살펴 본 사람은 많지 않았어. 그런데 선생님께서 자세히 읽어 보시고는 그 내용이 상당하다는 것을 파악하셨지."

"서학서라면 천주교 책인가요?"

"천주교 내용도 있고, 서양 과학 기술에 관한 내용도 있다. 성호 선생님은 천주교를 무조건 배척하지 않았고 유학의 관점에서 보완적인 내용이 있다고 보셨다. 또 서양 과학 기술이 우수하다는 사실을 인정하셨지."

"아, 그렇군요."

"그분 말씀 가운데는 새겨들을 것이 많다. 그중에 '여섯 좀벌레' 이야기가 있다. 나라를 좀먹는 벌레가 여섯 있다는 말인데, 농사에 힘쓰지 않게 만드는 것이기도 하지. 첫째가 노비 제도라고 하셨다."

"저도 노비 제도는 문제가 있다고 생각합니다. 두 번째는요?"

"두 번째가 과거 제도라고 하셨다."

"어? 그건 뜻밖인데요?"

"글공부란 무릇 세상을 다스리고 몸과 마음을 수양하는 데 도움이 되는 것이라야 하는데, 그렇지 않으면 해롭다. 과거 시험을 공부하는 유생들은 효도와 공손함을 실천하는 데 관심이 없고 생업에 관심이 없다. 요행으로 과거에 급제하여 벼슬을 얻으면 교만해져서는 백성을 수탈하여 제 욕심만 채우려 하지. 게다가 이런 사람들에게 청탁하느라 바빠서 농사는 팽개치게 된다는 거야."

"맞아요. 공부 잘해서 시험만 잘 보는 애들이 잘난 체하고 제 실속만 채우는 경향이 있어요. 우리 반에도 있거든요. 물론 다 그런 건 아니지만……. 세 번째는요?"

"벌열이란다."

"벌열이요?"

"문벌이지. 원래 벌열이란 공로가 있어서 얻는 것인데, 지금은 공로가 있는 사람의 집안이 대대손손 자손까지 벌열로 불려 일반 서민층과 구별하고 있지. 조상의 공로와 업적이 옛일에 불과하고 자신의 재능은 부족한데도, 벌열 가문이라 하여 일도 하지 않고 행세만 하려 드니 되겠느냐? 나머지 셋은 교묘한 기술로 남을 홀리는 사람, 농사일하기 싫어 승려가 된 사람, 빈둥빈둥 먹고 노는 사람이다."

민이는 고개를 끄덕였다.

"내가 벼슬 생활을 하면서도 성호 선생님의 저서를 본격적으로 공부할 기회가 있었단다. 1795년 여름부터 겨울까지 금정에서 지낼 때였지. 좌천을 당해 금정역 찰방[9]으로 임명되었는데, 실은 정조 임금이 내 천주교 혐의를 벗을 기회를 주려는 의도가 있었어. 5개월 동안의 생활은 유배 같기도 했지만 자유로운 점도 있었지. 내 나름대로 천주교를 배척하는 여러 조치를 하기도 했지만, 10월에 봉곡사에서 했던 학회 활동을 잊을 수 없다."

"어떤 활동이었는데요?"

"봉곡사는 온양의 서쪽 깊은 산골에 있는 조그만 절인데, 여기서 선비 13명이 학술 토론을 했단다. 대부분 젊은 선비였지. 우리는 모여서 10일 동안 함께 자고 먹으며 열심히 공부했다. 성호 이익 선생님이 남긴 저서를 함께 보는 것이었다."

"아까 채제공 어른이 성호 선생님 댁에 방문했던 이야기를 해 주셨는데, 채제공 어른은 어떤 분이었습니까?"

"그분은 영조 임금과 정조 임금 모두에게 인정을 받은 분이었지. 정조 임금은 아버지 사도 세자에 관한 문제는 그분과 상의하셨단다. 그만큼 국량이 크고 사려가 깊은 분이었다. 신해년(1791년) 통공 정책은 그분이 제안하여 추진된 조치였다."

"아, 신해통공! 정조 15년에 있었던 개혁 조치요? 상인들의 독점을 폐지한 거죠?"

"맞다. 생각보다 아는 것이 많구나. 공부를 잘하겠다."

민이는 으쓱했다.

"제가 공부를 잘 안 해서 그렇지 하기만 하면. 헤헤."

"하하. 신해통공 이야기를 계속하면, 그전에는 육의전만 독점적으로 상업 행위를 할 수 있었다. 다른 상인들이 하면 난전이라 하여 금지할 수 있는 권한까지 있었지. 그러나 신해통공으로 일반 상인도 자유롭게 상거래를 할 수 있게 되었단다. 그 결과 상업이 발전한 것은 물론이다. 채제공 어른은 그런 개혁 조치를 과감하게 추진할 만큼 사려 깊고 대단한 분이었어."

"채제공 어른은 남인이었나요?"

"그렇단다. 아무래도 남인이 정치적으로 열세라서, 어른께서 남인 집안 젊은이들을 보호하고 격려해 주셨단다. 그래서 정조 임금이 시행한 탕평의 한 축을 맡을 수 있었어. 노론이 주류이고 소론은 가까스로 세력을 유지하고 있었지. 남인은 몰락해서 기용될 수가 없었는데, 체제공 어른이 있었기에 노론, 소론, 남인이 조정에서 함께할 수 있는 세가 형성된 거야."

"탕평이라고요? 그 유명한 탕평!"

"그래, 맞다. 선비들이 무리를 지어서 자기 무리면 어울리고 자기 무리가 아니면 배척하는 풍토는 정말 나쁜 것이다. 옳고 그른 것보다 자기 무리냐 아니냐만 따지면 되겠니? 그런데 이것이 하루아침에 만들어진 것도 아니고 여러 대에 걸쳐 만들어져서, 쉽게 고칠 수도 없고 그 현실을 무시할 수도 없는 지경이라 참으로 안타깝다. 임금께서도 이 점을 심각한 문제로 여겨 당색에 관계없이 고루 인재를 등용하고, 당색이 아닌 내용에 따라 옳고 그름을 가리려 하고 있단다."

"정말이지, 당파가 나뉘어 조정 일을 자기들끼리만 하는 것은 나쁜 일 아닌가요?"

"나도 임금의 뜻에 적극적으로 동조하였다. 바로 〈통색의〉라는 글이 그것이다."

"어떤 내용인가요?"

"온 나라 백성들을 다 모아 가르치고 길러도 인재를 길러 내기가 쉽지 않은데, 처음부터 8~9할을 버린다. 소인이라 버리고 중인이라 버리고 서얼이라고 버려, 양반만 남는 거지. 게다가 평안도, 함경도, 황해도 사람은 모두 버린다. 관동과 호남 사람은 절반은 버린다. 그리고 당색을 가려서 북인과 남인은 아니 버린 것처럼 보이지만 실제로는 버린 것과 다를 바 없다. 버리지 않은 사람은 오직 문벌 좋은 몇 몇 집안뿐이다. 그중에서도 무슨 무슨 사건이다 해서 연루되어 버림받는다. 요약하자면, 세상에 인재를 찾아 쓰기도 정말 어려운 일이거늘 있는 인재도 쓰지 못하는 것이 문제라는 내용이지."

"그런데 채제공 어른은 지금도 살아 계시나요?"

"아니다. 안타깝게도 지난해 돌아가셨지. 그로 인해 남인들은 매우 어렵게 되었다. 성호 선생님이야 내 어렸을 때 돌아가셨지만, 채제공 어른은 살아생전에 더욱 자주 만나 뵈었어야 하는데 돌아가시고 나니 후회가 되는구나."

정약용 선생의 얼굴이 어두워졌다.

"선생님도 저처럼 시간 여행을 가시면 어떨까요?"

선생은 민이를 가만히 바라보았다.

'괜한 말을 했나? 날 이상한 아이로 보실 텐데.'

민이는 멈칫했다. 그러자 선생은 진지하게 말했다.

"네 행색이나 말투 등으로 보아 네가 여기 사람은 아니라 여겼다. 그러나 네가 산 세상이 여기 세상의 다음 세상이란 것은 믿기 힘들다. 그렇다면 내가 사는 이곳에 네 조상님도 살아 계실 텐데, 네가 어떤 영향을 끼쳐서 네 조상님이 후손을 갖지 못하게 된다면 어떻게 되겠느냐? 후손이 없으면 너도 없을 것이고, 네가 없으면 조상님께 영향을 미친다는 것이 말이 안 되지."

민이는 지금 자신이 하고 있는 시간 여행의 실마리가 조금이라도 풀릴까 해서 귀를 쫑긋하며 계속 들었다.

"세상은 무한히 넓기에 알 수 없는 여러 세상이 있을 수 있겠지만 다른 시간, 같은 공간이 공존한다는 것은 이해하기 어렵다. 필시 너는 '시간 여행자'가 아니라 '공간 여행자'라 해야 할 것이야. 엄밀하게는 '시공간 여행'일 수도 있겠지만 말이다. 그런 공간 이동을 아무나 할 수 없을 텐데, 우연히 네게 그런 기회가 생겼는지 모르지."

정약용 선생의 이 말에 민이가 여러 토를 달고 SF 영화를 통해 얻은 이야기를 해 보았다. 선생은 실학자답게 허무맹랑하게 이야기하지 않았다. 그 과학적이고도 논리정연한 이야기에 민이가 압도당하지 않을 수 없었다.

'과학 공부를 더 열심히 할걸.'

"그런데 네가 사는 세상과 내가 사는 세상은 시간의 흐름이 다른 모양이다. 거기는 한 달이 지났고, 여기는 1년이 지났으니 말이다. 그리고 네가 사는 세상의 과학 기술이 여기보다 더 낫다면 여기 세상보다 더 오래된 세상일 가능성이 크겠다."

"그게 무슨 말씀이죠?"

"기술이란 시간이 최신일수록, 지역이 광범할수록 더 나은 법이지."

"네, 그렇죠."

너무도 당연한 듯해서 민이는 더 이상 말을 하지 않았다. 나중에 안 것이지만, 기술에 관한 선생의 이 말은 유명한 논설 〈기예론〉의 핵심 내용이었다. 성호 선생도 비슷한 이야기를 했기 때문에 그 영향일 수 있었다. 당시엔 옛것일수록 좋은 것이라 여기고 외부에 대해 경계하는 분위기여서, 〈기예론〉의 내용은 매우 새로운 것이었다. 특히 지역이 넓을수록 기술 수준이 높아진다는 지적은 개방론으로 발전할 수 있었다.

그런데 시간 이동이니, 공간 이동이니 하는 얘기는 정약용 선생 저작에서 찾을 수 없었다. 워낙 많은 저서를 남겨서 민이가 찾지 못한 것일 수도 있지만 말이다.

"아무튼 네가 네 세상으로 돌아가거든 너는 네 세상의 소중함을 알고 충실해야 할 거야."

나중에 찾아 읽었지만 정약용 선생의 글에는 대략 이런 내용이 있었다.

사람들은 저 피안을 말하곤 하지만 중요한 것은 바로 '지금 여기'다. 사람들은 자신이 지니고 있는 '이것'의 소중함을 잊은 채 없는 '저것'을 찾아 헤맨다. 사람들은 높은 곳을 찾아 오르려 애쓰지만, 지구는 둥글어서 내가 서 있는 곳이 제일 높은 곳이다. 사람들은 자신에게 없는 재물을 좇아 평생을 헐떡거리며 살면서 지금 자신이 누리는 것의 소중함을 깨닫지 못한다. 이미 지나간 일은 붙잡을 수 없고, 앞으로 닥칠 일은 기약할 수 없다. 지금 여기의 소중함을 알고 자신에 충실하라.

"선생님, 과거에는 동양의 과학 기술이 서양보다 앞선 때도 있었던 것 아닙니까?"

"그런 때도 있었겠지. 그런데 성호 선생님은 몇몇 서양 과학 기술이 동양보다 앞섰다는 점을 분명히 파악하셨어. 나도 그 영향을 받았고 말이야. 그런데 성호 선생님은 서학에 관해서는 조금 달리 여기셨어. 우리 유학을 보충하는 좋은 내용이 있기도 하지만 천당, 지옥이나 귀신과 같은 이야기는 허황되었다고 판단하셨지."

"네, 성호 선생님은 매우 포용적이셨던 것 같아요."

"관대하고 열린 분이셨지. 고집스레 자신의 주장을 억지로 강요하시지 않았어. 제자들과도 열린 마음으로 토론하셨지. 선생님은 서학과 서교를 구분하여 서학에 대해서는 긍정적이었지만 서교는 수용했다고 할 수 없어. 하지만 그분 제자들 가운데 서교에 기운 사람도 나왔으니 이것이 배경일지도 모르겠구나."

'역시 훌륭한 사람 뒤엔 좋은 스승이 있다더니, 성호 선생님의 영향을 받은 많은 제자들이 활약했고 정약용 선생님도 큰 영향을

받았구나.'

　어젯밤 숙소 근처에 산책하러 갔을 때, 하늘엔 별빛이 빛나고 땅엔 넓은 호수가 잔잔한 물결을 일으키며 시원한 바람이 불던 풍경이 떠올랐다. 별 성(星), 호수 호(湖). 성호라는 이름이 새삼 다가왔다.

[7] 경세제민(經世濟民): 세상을 다스리고 백성을 구제함.

[8] 설총: 신라 경덕왕 때의 학자이다. 학생들을 가르쳐 유학의 발전에 공헌하였다.

[9] 찰방: 각 도의 역참 일을 맡아 보던 벼슬. 공문서를 전달하거나 공무로 여행하는 사람의 편리를 도모하였다.

4

백성을 위하여

금천에 이르렀을 때 해가 서산에 기울었다. 언덕길에서 정약용 선생이 멀리 마을을 가리켰다.

"저기 오동나무 마을이라는 곳이 있는데, 오리 이원익 선생님의 묘소가 있단다. 선조, 광해군, 인조 세 임금 시기에 걸쳐 영의정을 지냈던 훌륭한 분이다. 손에 꼽는 청백리셨지. 모든 공직자가 본받아야 할 분이야."

"청백리라면 청렴하고 결백한 관리란 뜻이죠? 선조 때부터 인조 때까지 계신 분이면 임진왜란, 병자호란 때도 활약하셨나요?"

"이원익 정승은 병자호란이 일어나기 전에 돌아가셨단다. 임진왜란 때는 큰 활약을 하셨지. 전투에서 공을 올리는 장군으로서의 면모보다는 장군들의 능력을 잘 파악하고 챙기는 관료로서의 면모가 더 뛰어났다. 너도 이순신 장군을 잘 알겠지?"

"그럼요. 구국의 영웅 이순신! 광화문에 동상도 세워져 있어요."

"그래? 선조 임금이 이순신을 내치려 했을 때, 이원익 대감이 지켜 주려고 최선을 다했지. 대감이 현지를 찾아가 살펴보고 이순신의 능력을 잘 파악했거든. 이런 분이 계셨기에 이순신 장군도 활약할 수 있었던 거다. 자, 저기 주막이 보이는구나. 저기서 숙식을 해결하자."

둘은 주막에 들어갔다. 그때 과객 한 무리가 들어왔다. 그 가운데 한 사람이 정약용 선생을 알아보고 인사를 했다.

"영감 나으리, 정 사또님 아니십네까? 저 이계심입네다. 저 기억하시겠습네까?"

억양이 북한 말투였다.

"아니, 이게 누군가? 황해도 곡산에 살던 이계심 아닌가? 내 기억하지. 그런데 여기는 웬일인가?"

"아, 예. 그때 저를 선처해 주신 덕에 이렇게 잘살고 있습네다요. 처가에 가는 길입네다."

"선처는 무슨 선처인가. 그대가 정당한 일을 한 거지. 그래, 곡산 동네는 평안한가? 그대를 괴롭히는 사람은 없고?"

"무고합네다. 저도 요즘은 조용히 지내고 있습죠. 그런데 이쪽에는 무슨 일로?"

사내가 선생과 민이를 번갈아 쳐다보며 의아한 듯이 물었다.

"아, 저는 민이라 하옵니다. 정약용 선생님을 모시고 여행하고 있습니다."

민이는 자기소개를 해야 할 것 같아 얼른 대답했다.

"아, 그래요. 우리 사또님 잘 모셔야 합네다. 주모, 여기 음식을 좀 더 가져오시구레. 약주도 좀 가져오고."

이계심이란 사내와 정약용 선생은 한참이나 곡산 이야기를 했다. 이윽고 선생이 자리를 정리하며 말했다.

"시간이 꽤 됐네. 이제 좀 쉬도록 하게나."

"네, 들어가 쉬십시오. 어이, 민이라고 했네? 자네는 여기 남은 음식을 마저 먹고 가게나."

"아, 예. 좋지요."

정약용 선생이 방으로 들어가고, 평상에 남은 이계심과 민이는 남은 음식을 먹기 시작했다. 민이가 물었다.

"아까 들으니까 정약용 선생님이 황해도 곡산에 고을 수령으로 가신 모양이죠?"

"그때 처음 뵈었네. 저분은 범상한 분이 아니었어. 근데 자네는 반상이 어찌 되는지?"

"네? 지금 양반 상놈을 따지시는 겁니까? 저희 가문으로 말하자면……."

민이는 갑자기 양반 행세를 하려고 했다. 그러나 곧 그럴 필요가 없다는 생각이 들었다.

"헤헤 그냥 서민이죠, 뭐.

"그래, 그럼 말을 놓겠네. 나는 본디 백성들의 괴로움을 대변하

는 사람이었지. 정 사또님이 곡산으로 부임하기 전에 아주 나쁜 사또
가 있었지. 포보(세금의 일종)인 면포 한 필 대금으로 돈 900푼씩을 거
두어들인 거야. 본디 포보는 대금으로 200푼을 받게 되어 있었는데
네 배 이상을 받은 거지. 내가 백성 1,000여 명을 이끌고 관청에 쳐
들어갔지. 항의만 하려고 했는데 부사가 날 벌주려 하는 거야."

"데모 주동자셨군요?"

이계심은 데모라는 말을 못 알아들었는지 대꾸를 하지 않았다.
눈앞의 광경을 보는 듯 눈을 부릅뜨고 이야기를 계속 이어갈 뿐이
었다.

"함께 간 백성들이 나를 둘러싸고 계단으로 올라가며 함성을 질
렀지. 1,000여 명이 '와!' 하니 천지가 떠들썩했어."

이계심은 사발에 있는 약주를 쭉 들이켜더니 말을 이었다.

"아전과 관노들이 몽둥이를 들고 달려드니 결국은 도망칠 수밖
에 없었어. 내게 체포령이 내려졌지. 난 도망자 신세가 되었어. 그런데
말이야. 새로운 부사가 부임해 온다는 거야. 내가 계속 도망만 다닐
수도 없고, 한판 붙어 보자 하는 생각이 들었어. 백성들이 괴로워하
는 10여 개의 조목을 기록해서는 그것을 들고 새 사또가 부임해 오
는 길에 딱 가로막고 바쳤지."

"네에?"

민이의 눈이 둥그레졌다.

"이판사판이었지. 신임 사또를 수행하던 놈들이 발칵 뒤집혔지. 그중에 날 알아보는 놈이 있어 몰려들더니 날 단단히 붙들었어. 신임 사또에게 아뢰기를 '사또님, 이놈을 체포해야 합니다' 하는 거야. 그런 데 말이야, 신임 사또가 하시는 말씀이 정말 멋졌어."

"뭐라 하셨는데요?"

"한번 자수한 사람은 스스로 도망가지 않는다면서 풀어 주라고 하시는 거야!"

"정말이요?"

민이는 TV에서 하는 사극을 보는 듯이 흥미진진해졌다.

"그러면서 덧붙이는 말씀이 '백성들이 제 한 몸만을 위하느라 폐단을 보고도 그냥 지나치기 일쑤다. 항의했다간 자기만 다칠 거라 여겨 그냥 지나치는 것이다. 그러니 어디 수령이 밝게 살필 수가 있겠느냐' 하시는 거야. 날 보더니 '백성의 어려움을 말해 주는 자네 같은 사람은 관에서 마땅히 1,000냥을 주고라도 사야 할 사람이다!'라고 하셨어."

"그 사또가 바로……."

"정약용 나리였지."

"정의로운 사람은 정의로운 사람을 알아주시는군요. 감동입니다."

민이는 진심으로 감동하여 말했다.

"정약용 사또님은 정의로울 뿐만 아니라 지혜로운 분이셨어. 재작년 겨울에 괴질이 돌아서 사또도 그때 앓아누우셨지. 그런데 고을 노인들이 괴질에 걸리기만 하면 죽는 거야. 많은 사람이 죽어 나갔지. 그런데 이듬해 아직 누워 있던 사또가 화문석[10]을 사 오게 명을 내리는 거야. 모두들 '칙사[11]가 오나?' 하고 깜짝 놀랐지. 아전이 화문석을 사 오는 도중에 의주에서 파발마[12]가 달려가며 '황제가 죽어 칙사가 왔다!'고 하더래. 아전이 고을에 와서 소식을 전하자 온 고을 사람들이 깜짝 놀라 야단법석이었어."

"어떻게 아셨죠?"

"돌림병이 서쪽으로부터 왔고 노인들이 다 죽는 것을 보고 알았다고 말씀하셨다지."

이계심이 하는 이야기를 흥미진진하게 듣다 보니 어느덧 밤이 이슥해졌다.

이튿날 아침 작별할 때였다. 정약용 선생이 이제야 생각났다는 듯 이계심에게 물었다.

"내가 있을 때 지었던 관아는 쓸 만한지 모르겠군."

"아, 예. 건재합네다요."

선생은 흐뭇한 미소를 지었다. 이계심과 헤어져 길을 떠났다. 민이는 한참을 가다가 여쭈었다.

"아까 관아 이야기는 무슨 사연이 있습니까?"

선생은 웃으며 말했다.

"내가 지방관으로 가면서 들은 이야기가 있었단다. 벼슬하는 내 친한 친구가 해 준 충고였지. 수령이 된 자가 크게 경계할 일이 있는데, 바로 관아 건물을 수리하는 일이라는 거야."

"네? 관아 건물을 새로 짓는 거라면 몰라도 고치는 것은 당연한 일 아닌가요?"

"그게 맞는 말이지. 그런데 말이야, 새로 건물을 지으면 재력이 많이 소모되거든. 상관인 관찰사는 생각하지. '흠, 재물을 좀 남겨서 챙겼겠는데.' 그런가 하면 백성들은 당장 노역에 동원되어 괴로워하지."

"아하, 그럴 수도 있겠군요."

"그것뿐이 아니란다. 후임자가 와서 보고는 또 말이 없을 수 없어. 제법 잘 지었다 싶으면 '어, 제법인데. 잔재주가 있어' 하고, 좀 조잡하게 지었다 싶으면 '조야하군' 하면서 혀를 차겠지. 잘하나 못 하나 결론은 조롱받게 된다는 거야."

"그런데…… 마음이 삐뚤어진 사람은 어떻게든 나쁜 것만 보이는 것 아닌가요?"

"허허, 네 말이 맞다. 아무튼 그 친구 이야기야. 벼슬살이 잘하는 사람은 관아 건물이 망가지고 무너져 내리더라도 기왓장 하나 서까래 하나 건들지 않고 놔둬야 한다는 거지. 그 친구 나름대로 벼슬살이의 도를 터득한 거네."

"그래서 그대로 따르셨나요?"

"그런데 그게 쉽지 않았어. 처음에 곡산에 가니 관아 건물을 새로 짓자고 하는 아전과 백성이 많았어. 몇 달 동안은 버텼지. 내 친구가 알려 준 벼슬살이의 도를 지키겠다고 생각했으니까. 그런데 어느 날 세찬 바람이 불었어. 천장에서 흙이 후드득 떨어지고, 자세히 보니 벽과 기둥 사이엔 틈이 벌어져 있었지. 좀 있다 한바탕 요란한 소리가 나고 비명 소리가 들렸어. 무슨 일인지 알아보니, 군졸 한 사람이 나무판자를 딛다 내려앉는 바람에 다리를 다쳤다는 거야."

"큰일 났군요. 친구분 말씀을 계속 지키기가 어렵게 됐네요?"

"그래서 고민에 빠졌지. 벼슬살이의 도를 지킬 것인가? 도를 지키면 내 한 몸 어로울 텐데, 그러자면 남들이 고생하겠지. 긴 고민 끝에 나는 아전과 군졸들을 불러 공사에 착수했어. 다만 원칙을 분명히 제시했지. 첫째는 기초! 집터를 튼튼히 해야 한다. 둘째, 관아로서의 체통을 세우려면 규모가 있어야 한다. 그러나 사치는 금물! 밀실이나 누각 같은 것은 짓지 말자. 그래서 석 달 동안 집터를 다지고, 관아 건물의 규모를 우뚝하게 했단다."

선생의 말을 들으면서 민이는 슬며시 웃음이 났다.

"착공 반년 만에 공사를 마쳤는데, 건물이 완성되던 날 내 한마디 했지."

"뭐라고 하셨어요?"

"내가 여기를 떠나고 사람들은 이 건물을 보고 나를 생각하며 말하리라. 일신의 도를 지킨 것보다 건물을 새로 지은 게 나았노라."

"와, 완전 멋지세요! 선생님, 갑자기 도가 무엇인지 알 것만 같아요. 친구분이 말씀하신 도란 그야말로 꼼수고, 그걸 버린 것이야말로 도가 아닌가요?"

"하하하. 녀석 제법이구나."

먼 산 위로 하얀 구름이 뭉게뭉게 움직이고 있었다.

"어젯밤 그 곡산 사람에게 사또 시절 선생님의 이야기를 들었습니다. 선생님은 진정으로 백성을 위하는 참다운 수령이란 생각이 들었어요."

"관리 가운데 지방 수령은 매우 중요한 자리란다. 궁궐에서 임금을 받들며 신하 노릇을 하는 것보다 고을에서 수령 노릇을 하는 것이 훨씬 중요하단다. 궁궐의 신하들은 여럿이 함께하다 보면 한 사람이 좀 부족하더라도 보완될 수 있는데, 지방 수령은 그 한 사람이 잘못하면 폐해가 고스란히 고을 사람에게 돌아가지."

"갑자기 《춘향전》에 등장하는 변 사또가 생각납니다. 탐관오리의 상징."

"지방 수령을 목민관(牧民官)이라 한단다. 왜 이런 용어를 쓰는 줄 아느냐?"

"목민관이라고요? 관은 관리란 뜻이겠고. 목민이란 무슨 뜻이 죠? 목동이란 말은 들어봤습니다만……."

"그래, 같은 뜻이다. 민을 보살피고 기른다는 뜻이지. 사또가 자 신이나 나랏일을 위해서 함부로 백성을 동원하거나 세금을 거두고 괴롭히면 안 되지. 백성을 잘 보살피고 길러 줘야 세금도 잘 거둘 수 있는 거야. 그리고 근본적으로 백성이 목민관을 위해서 있는 것이 아 니라 목민관이 백성을 위해서 있다는 사실을 명심해야 하는데 그걸 망각하곤 해."

"아, 그건 정말 민주주의와 크게 다를 게 없는 것 같아요."

"민주주의라고? 그것참 재미있는 용어다. 동양 고전은 늘 민본 (民本)을 말하고 있는데 그것과 상통하는 뜻인 것 같기도 하고. 그래, 어떤 용어를 쓰든 백성을 근본으로 생각해야 한다는 게 옛 성현의 가르침이었다. 자, 내 묻겠다. 목민관이 백성을 위해 있느냐? 백성이 목민관을 위해 있느냐?"

"제가 살고 있는 민주주의 사회에서야 백성이 우선이지만, 옛날 에는 목민관이 백성 위에 있었던 것 아니에요?"

"아니란다. 아주 오랜 옛날에는 백성들만 있었지. 목민관은 있지 도 않았다. 백성들끼리 평화롭게 살다가 어떤 사람이 이웃과 다툼이 생겼단다. 그 다툼을 마을 노인이 공정하게 잘 해결해 주었다. 그러 자 마을 사람들은 그 노인을 '이정(마을을 바로잡는 사람)'이라 했다. 마을 사이에 분쟁이 생겨 쉽사리 해결되지 않으니, 이를 공정하게 잘 해결해 준 사람이 있었어. 사람들은 감복하여 그를 '당정(고을을 바로잡는 사람)'으로 추대하여 따랐지. 이런 식으로 한층 더 넓은 범위에 어른이 정해져 위에 가서는 임금이 있게 되었지."

민이는 진지하게 선생의 이야기를 경청했다.

"그때만 해도 마을 사람들의 바람을 모아서 이정이 법을 제정하여 당정에게 올렸고, 고을 사람들의 바람을 모아서 당정이 법을 제정하여 임금에게 올렸고, 나라 사람들의 바람을 모아서 임금이 법을 제정했단다. 그 법이란 모두 백성을 편하게 하는 것이었지. 그랬는데 나중에 힘센 사람이 황제가 되어 측근에게 제후의 자리를 주고, 제후가 자기 사람을 당정으로 삼고, 당정이 제 사람을 이정으로 삼아 내려오게 되었던 것이다."

"아하, 그게 시대에 따라 다르군요."

"그렇지. 그런데 사람들은 생이 짧다 보니 제 시대의 상황만 보고 그게 당연한 것으로 생각하는 것이란다. 마치 여름 한 철만 사는 쓰르라미가 가을이 있는 줄 모르고 겨울에 내리는 눈이 무엇인지 모르는 것과 같지. 자, 내 다시 묻겠다. 목민관이 백성을 위해 있느냐? 백성이 목민관을 위해 있느냐?"

"목민관이 백성을 위해 있습니다!"

민이가 큰 소리로 씩씩하게 대답하자 선생이 껄껄 웃었다. 민이도 따라 활짝 웃었다.

"그런데 백성을 위한다는 생각을 갖는다 해도, 고을 수령을 한다는 것이 쉽지만은 않을 것 같아요. 고을 사람들이 서로 다 이해관계가 다르잖아요. 상공업을 진흥하려고 하면 농업이 홀대를 받기도 하고요. 우리 학급에서 수학 여행지 결정하는 데도 얼마나 의견이 엇갈렸는지, 다수결로 겨우 정했다니까요."

"하하. 네가 뭘 좀 아는구나. 정의롭게 하겠다는 뜻만으로 수령 노릇을 잘할 수는 없단다. 교활한 아전들을 위엄을 갖고 다룰 줄 알아야 하고, 일을 제대로 파악하고 있어야 한다. 그렇지 않으면 아전에게 휘둘리는가 하면, 좋은 뜻에서 벌인 일이 결국 백성을 괴롭게 하고 수령을 곤혹스럽게 만들기도 하지."

어느 마을을 지나는데 마침 장이 열렸다. 장에 들러 이것저것 구경하는데 어떤 사람이 정약용 선생을 아는 체한다.

"참의 나으리, 저를 아시겠습니까? 제가 바로 함봉련입니다."

"함봉련이라고? 아, 그대가 바로 함봉련이군. 그래 잘 지내는가?"

함봉련이란 사람은 대뜸 머리를 조아리고 큰절을 했다. 뒤에 있던 여자와 아이들도 넙죽 절을 올렸다.

"네, 나리 덕분에 옥살이를 멈추고 이렇게 처자식들과 함께 잘살고 있습니다요."

"참으로 다행이네!"

"나리가 아녔으면 저는 아직도 감옥에서 나오질 못했을 겁니다. 정말 감사합니다. 정말 감사합니다."

그는 연신 감사하단 말을 되풀이했다.

"아니네. 나를 형조 참의로 임명해서 그대의 사건을 재조사하게 한 임금께 감사를 드려야지. 나야 응당 할 일을 했을 뿐이네. 억울한 백성이 없게 하는 게 벼슬하는 사람의 도리가 아니겠는가?"

함봉련과 정약용 선생은 인사를 나누고 헤어졌다. 민이는 도대체 무슨 사건이 있었는지 궁금했다.

"선생님께서 저 함봉련이란 사람에게 고마운 일을 하신 모양이지요?"

"임금께서 날 형조 참의로 임명했단다. 형조 참의가 무엇을 하는지는 알고 있지?"

"형조는 6조의 하나고, 소송이나 법률을 다루는 관서죠. 참의는 뭐 판서를 보좌하는 사람인가요?"

"그래 맞다. 그전에 내가 몇 가지 미제 사건을 살펴서 해결한 적이 있어. 그래서 임금께서 날 신임하고 형조 참의를 맡기신 거야. 함봉련은 사람을 밀어서 숨지게 한 죄로 옥살이를 하고 있었다. 그런데 좀 수상쩍은 데가 있었어. 본인이 강력히 범행을 부인했어. 그래서 검안서를 살펴보았지."

"검안서요?"

"시체 상태를 적어 놓은 기록이지. 그리고 진술서도 읽어 보았어. 관련된 사람들의 진술서를 모두 읽어 보니 함봉련이 부당하게 주동자로 몰렸다는 점을 알게 되었어. 이를 밝혀 그의 7년 옥살이를 멈추게 했단다."

"와, 정말 큰 은혜를 베푸셨네요."

"형사 문제는 인명이 달린 문제라 엄중하게 판단해야 한다. 한 사람이라도 억울한 옥살이를 하거나 처형당해서야 되겠느냐. 또한 죄를 지어도 지은 만큼만 벌을 받아야지 과도하게 처벌받아서는 옳지 않아. 신착실이란 사람이 생각나는구나. 신착실은 황주 백성인데 돈 2전 때문에 사람을 죽였다는 거야. 죽은 것도 희한했다. 지겟작대기 끝으로 항문을 찔러 죽였다는 거야."

"지겟작대기로 똥구멍을 찔렀다고요?"

"그게 말이 되느냐? 신착실이 2전 때문에 일부러 죽였다고 볼 수 없었어. 실랑이를 벌이다 우연히 죽음에 이른 거지. 이 사건을 조사한 관리들이 모두 죽여야 한다고 말했는데, 내가 임금께 말씀드렸지. 이번 일은 공교롭게 일어난 일이니 용서해야 마땅하다고 말이다."

"정조 임금님은 어떤 반응을 보이셨는지요?"

"다행히 받아들이셨어. 며칠 뒤에 '지극히 조그만 구멍을 지극히 뾰족한 끝으로 찌르는 일은 천하에 지극히 우연한 일이다'라고 말씀하셨지."

"그러니까 일부러 하고자 했다면 더 일어나기 힘든 일이 일어났는데, 상식적으로 고의가 아니라 우연히 일어난 일이라고 판단할 수 있다 이거군요."

"그렇지. 그렇다면 죽음이라는 엄중한 결과가 발생했지만, 그 행위를 고의로 사람을 죽인 것과 동일하게 처벌할 수는 없지. 그런데 민이가 말귀를 잘 알아듣는구나."

"쑥스럽게 왜 그러세요, 선생님."

민이는 머리를 긁적이며 너스레를 떨었다.

"선생님 이야기를 들으니 참으로 지당한 말씀인데, 사람들은 분위기에 휩쓸려 냉정하게 판단하지 못하는 것 같아요. 그런데 함봉련 사건은 어떤 사건이었어요?"

정약용 선생이 함봉련 사건에 관해 들려준 이야기는 다음과 같았다.

평창에 사는 김태명이 환곡[13]을 내지 않았다. 평창 나졸들이 김태명의 집에 찾아갔다.

"관에서 나왔다. 왜 환곡을 내지 않느냐? 재산이 될 만한 것을 직접 가져가겠다."

들이닥친 나졸들은 송아지를 끌고 나왔다. 김태명이 소리쳤다.

"이놈들, 여기가 어디라고 와서 행패냐? 여봐라, 이놈들을 혼내 주어라!"

김태명 집안사람들이 몰려 나와 막았다. 몸싸움이 벌어졌다. 김태명은 직접 나서 한 나졸의 가슴을 무릎으로 짓눌러 제압하고선 송아지를 도로 빼앗았다. 김태명은 씩씩거리며 집안사람들에게 나졸들을 혼내 주라고 했다.

이때 머슴 함봉련은 땔감을 지게에 높이 지고 돌아오는 길이었다. 주인 김태명의 말을 듣고 나졸의 등을 밀었다. 함봉련은 땔감을 등에 진 채 선 상태였다. 등을 밀린 나졸은 넘어졌다가 일어나 집으로 돌아갔다.

그 후 그 나졸의 상태는 아주 나빠졌고 아내에게 이렇게 하소연했다.

"김태명 때문이다. 내 원수를 갚아다오!"

며칠 후 나졸은 숨이 끊어졌다. 아내는 관에 달려가 고발했다. 사건을 조사한 관에서는 함봉련을 살인의 정범(주범)으로 보아 옥에 가두었다.

이 사건을 검토한 정조는 '함봉련 사건'을 의안[14] 으로 간주하고, 형조 참의인 정약용에게 다시 자세히 조사할 것을 명했다.

정약용은 1차, 2차 검시를 기록한 검안부터 검토했다.

"가슴에 검붉고 단단한 둘레 3촌 7푼의 상흔이 있음. 코와 입은 피로 막혀 있음. 그밖에 다른 다친 흔적은 없음. 사망 원인은 타격에 의한 치사."

진술서의 결론은 정범 함봉련, 목격자 김태명이었다. 이임[15]과 세 이웃 사람은 모두 함봉련이 밀어서 죽인 것이라 말했다.

검안서와 진술서를 종합 검토한 정약용은 정범이 바뀌었다고 결론지었다. 정약용이 재구성한 사건 현장의 실상은 이랬다.

김태명이 무릎으로 나졸의 가슴을 짓이겨 제압할 때, 치명적인 원인이 발생했다. 이것이 원인이 되어 나졸이 죽음에 이른 것이다. 나졸의 등을 민 함봉련의 행위는 죽음에 별다른 원인이 되지 못했다.

대략 이야기를 들은 민이는 자신 있게 범인을 밝히는 선생에게 감탄했다.

"와아, 정말 신기해요. 선생님, 셜록 홈스 같아요! 셜록 홈스는 나중에 결론에 이른 판단 근거를 멋있게 설명해 주는데, 선생님도 좀 더 설명해 주실 수 있습니까?"

"셜록 홈스가 누군지 모르겠지만 서양 사람이더냐? 내가 판단한 근거는 이렇다. 형사 사건을 판결하려면 세 가지 근거, 즉 유족 고소인의 진술, 검시 결과, 공적인 증거가 서로 들어맞아야 한다.

"돌아가신 분 가족의 이야기, 시체 상태, 목격자나 증인의 이야기가 서로 맞아야 한다는 거네요?"

"유족인 아내가 한 얘기와 검시 결과가 서로 들어맞는데도 이를 무시했다. 죽은 사람이 아내에게 원망한 사람도 김태명, 원수를 갚아 달라며 거명한 사람도 김태명이었지. 이 사건의 핵심은 김태명이야. 애초 김태명이 환곡을 내지 않아서 벌어진 사건이었고, 나졸이 빼앗은 것도 김태명의 송아지였다. 그리고 검시 결과가 이를 완벽하게 뒷받침하고 있어."

"우와 흥미진진한데요!"

"죽은 사람은 흔적을 간직하여 자신이 왜 죽었는지 알려 준단다. 등에는 흔적이 없고, 가슴은 3촌이나 검붉은 상처가 남아 있었다. 누가 가슴에 상처를 입혔나? 가슴을 짓찧은 것은 김태명의 무릎이었다. 함봉련의 손바닥이 닿은 곳은 등이었다. 검안서에 나온 흔적과 진술서에 나온 행위와 연관하여 판단하면, 누구의 범행이겠는가?"

"그렇다면 증인들이 모두 함봉련이 죽였다고 한 것은 어떻게 해명하죠?"

"모든 사람이 증인이 될 수 없고, 관련자의 말이 모두 공적인 증거가 될 수 없어. 조금만 더 생각해 보면 알 수 있지. 유족은 복수심이 앞서서 증인이 될 수 없고, 범인은 자신이 살려고 하므로 증인이 될 수 없다. 김태명을 증인으로 삼았으나 범인으로 고발당한 자이므로 공증이 될 수 없다. 이웃 사람이 증인이 되는 것은 그 마음이 양쪽에 고르고, 옆에서 본 사람이 증인이 되는 것은 자신의 죽고 사는 것과 벗어나 있기 때문이다."

"마을 사람들 말도 진실하지 못할 가능성이 있네요."

"그렇다. 김태명이 그 마을에서 어떤 존재였는가를 고려해야지. 김태명은 마을에 굳게 뿌리를 내리고 마을 사람들을 호령할 수 있는 사람이었다. 이 사건에서 이웃 사람이란 게 김태명의 친인척이 아닌 사람이 없었다. 여러 사람이 분위기에 휩쓸려 함봉련을 범인으로 지목한 거야. 여기서 아내의 발언이 복수심 때문에 한계가 있을지라도 애초 김태명을 지목했다는 점은 무시할 수 없지."

이야기를 들으면서 민이는 정약용 선생이 대단히 치밀하다는 생각이 들었다.

"선생님은 어떻게 이렇게 치밀하실 수가 있어요?"

"민이야, 반대로 어떻게 치밀하지 않을 수가 있겠느냐? 사람의 생명이 왔다 갔다 하는 일인데. 한 사람이라도 억울한 자가 있어서는 안 되지. 잘못된 판단으로 엉뚱한 사람을 살인자로 몰아 그 생명을 빼앗으라고 처벌권을 주었겠느냐. 내 나중에 목민관을 위해 지침서를 쓰려고 하는데, 그 가운데 형사 문제는 특별히 독립해서 취급할까 한다. 고도의 전문성과 신중함이 필요하기 때문이다."

"선생님, 제가 사는 세상에서도 리더십이 매우 중요하다고들 하는데…… 아차, 선생님 세상에선 리더십이란 말을 쓰지 않죠. 그러니까 리더십이란 게 지도력 비슷한 말인데요. 일반적으로 지방 수령에게 필요한 지도력은 무엇입니까?"

"그래, 용어야 어찌 됐든 무슨 말인지 알겠다. 지도력은 사람마다 개성이 있어서 일률적으로 말할 수는 없어. 포청천처럼 엄격한 사람이 있고, 구양수처럼 온화한 사람도 있고 말이야. 각자 개성에 따라 행정을 펴면 되지. 그렇지만 누구든 지도자가 되려면 일을 잘 알아야 하고, 사람들을 잘 이끄는 능력이 있어야 해. 아무리 뜻이 좋아도 일을 제대로 파악하지 못하면 엉뚱한 일을 하게 되고, 원래 동기와 다르게 결과가 안 좋을 수도 있거든. 또 일이란 혼자 하는 게 아니므로 잘 통솔해야 한다. 공직자의 지위에 있는 사람은 그저 사람만 좋아선 안 되지. 잘 통솔하려면 권위와 신뢰가 있어야 하는데, 자기 관리를 잘하는 것에서부터 비롯된단다. 무엇보다도 청렴해야 주변 사람이 함부로 여기지 못해."

선생은 할 말이 너무 많은 듯했다. 공직자가 갖춰야 할 덕목 등을 많은 예화를 들어 이야기했다. 나중에 안 일이지만,《목민심서》에서 대략 이 내용을 확인할 수 있었다.

[10] 화문석: 꽃의 모양을 놓아 짠 돗자리.

[11] 칙사: 임금의 명령을 전달하는 사신.

[12] 파발마: 조선 후기에 공무로 급히 가는 사람이 타던 말.

[13] 환곡: 곡식을 저장하였다가 백성들에게 봄에 꾸어 주고 가을에 이자를 붙여 거두던 일. 또는 그 곡식.

[14] 의안: 의심이 나는 사건.

[15] 이임: 지방의 동리에서 호적에 관한 일과 그 밖의 공공사무를 맡아 보던 사람.

즐거움과 괴로움은 함께 있다

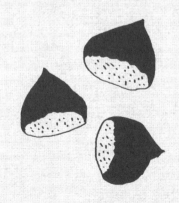

"그래, 공부하기는 어떠하냐?"

정약용 선생이 마침 생각난 듯 물었다.

"공부란 게 맨날 정기적으로 하는 시험공부죠 뭐. 중간고사, 기말고사, 결국 최종적으로는 대학 입시예요. 선생님, 요즘 저희는 각종 시험 때문에 스트레스가 많아요. 도대체 이래도 되는 겁니까?"

"이 녀석아, 학생이 공부를 열심히 해야지. 또 입신양명을 하려면 필요한 시험에도 붙어야지. 그게 어디나 마찬가지인 모양이구나."

"네? 뜻밖인데요. 선생님께서 그런 말씀을 하시다니. 선생님은 과거 제도를 매우 비판하셨다고 들었는데요."

"하하. 내가 과거 제도를 비판한 것은 사실이지. 과거 시험이란 한나절 광대놀이와 다를 바가 없어. 답안지에 세상 온갖 것을 다 아는 양하지. 하지만 그렇게 과거 시험에 붙어 관직에 나아간다 해서 일을 제대로 알고 있는 것은 아니다. 책만 읽은 사람이 관직에 나아가 아는 게 무어 있겠니. 지방에 수령으로 나아가면 아전들에게 농

락당하기도 하지. 군사에 관해서는 아는 게 없어서 무관에게 물어야 하고 말이야."

"맞아요. 세상사를 제대로 아는 것과 시험에서 좋은 점수 받는 것은 별개예요."

민이가 흥분하며 말하자 정약용 선생은 빙긋이 웃다가 계속 말을 이었다.

"과거 시험은 요령이 있지. 다시 말하면 일정한 틀이 있어. 과거 시험을 공부하는 사람은 나름 요령을 찾는다고 하겠지만 그 일정한 틀에 갇히는 거야. 그것에 따라 공부하는 젊은이들이 나름의 개성을 살릴 수가 있겠니? 과거 시험은 여러 재능을 가진 젊은이들을 절구통에 넣고 똑같이 만드는 것과 다를 바 없지."

"맞아요. 저는 정말 시험이 싫어요. 시험이 인생의 전부는 아니잖아요. 인생은 성적순이 아니잖아요!"

민이의 목소리가 더욱 높아졌다. 다시 말을 잠시 멈춘 선생은 웃으며 민이를 바라보다 말을 이었다.

"하하. 그렇다고 현실을 무시할 수는 없지 않으냐? 재주 있는 젊은이가 공직에 나아가 능력을 발휘하여 세상에 도움이 되려고 하면 과거 시험을 통과해야지 다른 방법이 있겠느냐. 제도가 잘못되었다고 탓하면서 제 할 일을 안 해서는 안 되지."

"아니, 제가 공부를 안 한다는 것도 아니고, 뭐 시험 성적이 무지

나쁜 것도 아니고, 저도 하면 잘할 수 있고…… 아니, 근데 선생님! 왜 이랬다저랬다 하세요?"

"관직에 나갈 사람은 열심히 과거 공부를 해서 도전해 보고 어느 나이까지 과거에 통과하지 못한다면, 차라리 과거 공부보다 세상에 도움을 주는 학문을 하는 게 낫다고 본다. 모든 사람이 관리가 될 필요가 없기도 하고, 세상의 재주 있는 사람이 모두 관리가 된다는 것은 말이 안 되지."

"선생님께서는 관직에서 일하는 것보다 학문하는 것을 좋게 보시는 겁니까?"

"둘 다 나라에 필요하고, 각자 기여하는 바가 있다. 다만 관직의 수는 제한되어 있고 시험이란 독특한 관문을 통과해야 하는데 그것에만 묶여 있을 수 없지. 그리고 학문이라 하는 것도 무조건 좋은 것은 아니다. 어떤 학문이냐를 따져 봐야지."

"네에?"

"학문이란 게 세상에 도움이 되고 자신을 다스리는 것이어야지. 공리공론을 일삼고, 조금만 이견이 있어도 갈라져서 편을 이루고 대를 이어 서로 말싸움만 한다면 그것이 제대로 된 학문이겠느냐? 나로선 이(理)가 어떻고 기(氣)가 어떻고 논쟁하는 것이 얼마나 실익이 있는지 모르겠다. 성리학이란 본디 인간의 본성과 하늘의 이치를 연구해서 제대로 실천하자는 학문 아니겠느냐. 그런데 알맹이 없는 고

고한 마음으로 건방지게 혼자 옳다고 여기는 지금의 성리학자들은 유학의 본래 가르침에서 벗어난 것이다."

"성리학이라면, 송나라 유학이라고 배웠는데. 주희가 대표적인 학자이고요."

"그래 맞다. 최근에는 그보다 전의 한나라 유학을 송나라 유학과 절충한다고 하는 사람도 있다. 말이 절충이지 실은 한나라 유학, 즉 훈고학이지. 그런데 지금 훈고학을 한다는 사람들은 오로지 자신이 널리 듣고 많이 기억하는 것, 글 잘 짓고 말 잘하는 것만 자랑하고 있어. 원래 학문이란 널리 배우고, 자세히 묻고, 신중히 생각하고, 밝게 분별하고, 독실하게 실행하는 것이다. 그런데 지금 훈고학을 하는 사람들은 널리 배우는 것만 전부인 줄 알지. 이런 공부를 하는 사람은 자신이 똑똑하다 여기고 세상을 깔보는 경향이 있어."

선생의 말에 점점 어려운 용어가 많이 들어가 이해가 안 되는 부분도 있었지만 민이도 공감하는 점이 있었다.

'그런데 원래 공부 잘하는 사람이 좀 그렇지 않나? 아무튼 공부란 게 자신을 다스리고 세상에 도움이 되는 것이라야 한다는 말씀인 것 같은데……'

민이가 혼자 생각에 잠겨 있는데 정약용 선생이 나직이 부른다.

"민이야."

"네?"

"내가 긴 얘기를 했다만, 요약하면 간단하다. 부모님께 효도하고, 어른을 잘 모시고, 나보다 어린 사람을 잘 보살피면 바로 공부를 제대로 한 사람이란다."

"넷, 알겠습니다."

안양천을 따라 한참을 걸었다. 배가 고프다 싶을 때 주막이 보였다.

"민아, 주막에 들러 가자꾸나."

"네, 배꼽시계가 점심시간이랍니다. 헤헤."

나무 그늘 평상에 앉아 밥을 먹고 있는데, 나무 옆 그늘에 앉아 있던 어떤 사람이 벌떡 일어나 정약용 선생을 보고 인사를 한다.

"정 참의 어른 아니십니까? 안녕하십니까?"

"어, 이게 누군가? 이런 시골에 웬일인가?"

"아, 예. 장사든 농사든 해 보려고 남쪽으로 내려가는 길입니다."

"그래, 좋은 일이지. 부지런하게 살게나."

"네, 저 먼저 길을 떠나야겠습니다."

그 사람은 우리가 오던 길을 따라 남쪽으로 걸어갔다. 민이는 궁금해서 선생에게 물었다.

"얼굴색이 그냥 농사짓는 사람은 아닌 듯한데요?"

"저 사람은 부모에게서 엄청난 재산을 물려받았단다."

"별로 부자처럼 보이지 않는데……."

"부모가 돌아가시고 주색잡기와 도박으로 모든 재산을 탕진했어. 몇 대는 벌지 않고 그저 놀면서 쓰기만 해도 될 것 같은 재산이 있었는데, 낭비를 견딜 재산은 없지. 참, 내가 네게 평생 써도 다 쓸 수 없는 재산을 주겠다."

"네에? 정말요? 그런데 주셔도 제가 사는 시대로 가져갈 수 있을지 모르겠네요."

"하하. 걱정하지 마라. 내가 줄 것은 딱 두 글자다. 한 자는 근(勤)이요, 또 한 자는 검(儉)이다."

"그게 뭐지요? 아하, 부지런할 근! 검소할 검! 맞죠?"

"그래. 게으르면 재산을 모을 수가 없고, 검소하지 않으면 재산을 간직할 수 없지."

"저도 부지런히 한다고 하는데 학교 성적이 영 오르지 않아요. 부지런함에 비결이라도 있나요?"

"부지런하다는 것은 오늘 할 수 있는 일을 내일로 미루지 않는 것이다. 일이란 모두 때가 있는 법이야. 아침에 할 일이 있고, 저녁에 할 일이 있다. 맑은 날 할 일이 있고, 비 오는 날 할 일이 있는 것이다."

"맞아요. 전 숙제도 제때 못하고 시험공부도 막판에 벼락치기로 하니 부지런하다고는 할 수 없죠. 그럼 검소함에도 무슨 방법이 있습니까?"

"검소함이란 무엇이냐? 무릇 옷이란 몸을 가리기 위한 것이다.

고운 옷은 일찍 해진다. 고운 옷이 해지면 처량해 보인단다. 거친 옷은 해져도 흠이 되지 않아. 오래 입을 수 있지. 음식이란 생명을 이어 나가기 위한 것이다. 아무리 맛있는 것이라도 일부러 찾느라 애쓰고 큰돈을 들여 낭비할 필요가 없다. 한편 부지런하고 검소한 생활 습관이 몸에 밴다면 평생 여유롭게 살 것이다."

민이는 밥을 다 먹고서 말했다.

"선생님, 맛있는 것이 따로 있겠습니까? 시장이 반찬이라고 밥이 정말 맛있습니다. '근'과 '검'을 명심하겠습니다!"

"그래, 네 태도가 마음에 든다. 그렇다고 재산을 모으는 데 혈안이 되거나 구두쇠가 되면 곤란하다. 밤 한 톨로 다투는 세상에 너무 말려들지 않도록 해야 해."

"밤 한 톨로 다투는 세상이요?"

"저녁 무렵에 숲 속을 거니는데 어떤 어린애가 울고 있는 거야. 곧 숨이 넘어갈 듯 울어대는데 참으로 절박한 느낌이었다. 왜 그렇게 울고 있느냐고 물어보았지. 그 아이가 나무 아래서 밤 한 톨을 주웠는데 다른 사람이 빼앗아 갔다는 거야. 좀 더 시야를 넓혀 세상을 바라보면, 이 어린애처럼 우는 아이가 얼마나 많으냐? 권세를 잃고 억울해하는 사람, 재화를 잃고 아까워하는 사람. 따지고 보면 다 밤 한 톨에 울고 웃는 어린애와 무엇이 다르겠니?"

식사를 마치고 주막을 나서면서 민이가 물었다.

"그래도 막강한 권세와 막대한 재화를 밤 한 톨에 비유하기엔 좀 그런 것 아닌가요?"

"그것 없이는 못 살 것처럼 아옹다옹 서로 다투고 난리지만, 지내 놓고 보면 그것 없이도 사는 데 전혀 지장이 없는 하찮은 물건인 경우가 많다. 있으면 좋겠지만 그토록 울고불고할 것 없는 밤 한 톨에 비유할 수 있지. 사람이 가진 재물이란 그다지 오래 가지 못한단다. 내가 땅문서들을 조사한 적이 있는데, 소유주가 참으로 자주 바뀌었더구나. 평생 소유할 것처럼 집착할 것은 없다. 값비싼 어떤 물건을 갖고 있다 보면 마음이 불안해질 수도 있고, 어차피 잃어버리거나 사라질 것이라면 그 물건을 영원히 소유하려 애쓰는 것보다 남에게 주는 것이 더 좋은 물건 보관법이 될 수 있어."

"남에게 준 물건도 없어지기는 마찬가지 아닌가요?"

"자신의 재물을 자신이 사용하면 그것은 물질적으로 사용한 것이지만, 남에게 베풀면 그것은 정신적으로 사용한 것이다. 물질적인 것은 닳거나 없어지지만, 정신적으로 향유한 것은 변하거나 없어지지 않는 법이지."

"저는 아직 어려서 그런지 실감이 나지 않아요. 물건에 그렇게 절실하게 집착한 적이 없었던 것 같기도 하고……."

민이는 이렇게 말하고 나서 자신을 돌아보았다. 생각해 보니 자기도 모르게 집착했던 물건이 있는 것 같기도 했다. 갑자기 브랜드

신발과 패딩 등이 떠올랐다. 한동안 졸라서 결국은 부모님이 사주셨던 기억이 난다.

'흠, 멀리 갈 것도 없구나. 백팩 속에 휴대폰은 잘 있겠지?'

"알겠습니다. 앞으로 재물 갖고 쩨쩨하게 굴지 않겠습니다! 아웅다웅 다투지 않겠습니다!"

민이는 힘차게 다짐하듯 말했다.

여름 하늘에 흰 구름이 뭉게뭉게 피어오르는데, 저 멀리 앞길에서 먼지가 일어났다. 이윽고 파발마인 듯한 말이 빠른 속도로 다가왔다. 길을 살짝 비켜서서 말이 지나가게 했다. 정약용 선생이 씽긋 웃으며 말했다.

"내가 전에 금정역 찰방으로 내려갔던 적이 생각나는구나. 바로 저런 역말과 역원들을 관리하는 임무였지. 승지로 있다가 찰방으로 내려가니, 나를 위로하는 사람이 많았다. 승지는 3품이고 찰방은 7품인 데다 한양에서 시골로 내려가니 좌천이었던 셈이지."

"아, 전에 성호 선생님이 쓰신 책을 정리하는 모임을 했다고 말씀하셨는데, 그때 일 아닌가요?"

"그래, 을묘년(1795년) 가을이었지. 주문모 신부 잠입 사건으로 뒤숭숭하던 때야. 좌천이라고 다들 위로했지만 금정역 찰방 자리는 세 가지 즐거움이 있었다. 말을 관리하는 역참이라 필요하면 빠른 말을 탈 수 있어 좋았지. 또 관내 산수를 유람할 때는 가는 곳마다 식량이 준비되어 있어 좋았고, 찰방 직이란 게 번다한 행정 업무가 그다지 많지 않아 한가해서 좋았다."

"겉으로 볼 때는 불행, 알고 보면 행운?"

"그래서 고을 선비들이 이런 내 처지를 와서 보고는 축하하는 사람도 있었지만, 그렇게만 보는 것도 정답은 아니다. 찰방의 찰은 괴로움을 살피는 것이요, 방은 병폐를 찾는 것이다. 말이 병들면 찰방의 죄요, 역부(마부)가 노역의 불공평으로 원망이 많으면 찰방의 죄다. 한양에서 파견되어 온 관리가 말과 사람을 제멋대로 다루어 고달프게 하면 법에 따라 이를 막아야 하는데, 그렇지 못하면 찰방의 죄다. 결국 세상일이란 게 즐거움과 괴로움이 함께 있는 법이지. 괴로움만 볼 것도 아니요, 즐거움만 볼 것도 아니다. 괴로움만 봐도 재미 없고, 즐거움만 봤다간 더 큰 낭패를 당할 수 있어."

"맨날 부모님이나 선생님이 공부하라고 노래를 불러서 질색인데, 그러면서도 너희 때가 좋은 때다 그러세요. 학생 때가 좋은 건지 얼른 학교를 마치는 게 좋은 건지 알 수가 없어요. 공부만 해서 후회할지, 공부를 안 해서 후회할지도 알 수 없고요."

"이 녀석, 고민이 많구나."

"네. 다른 애들도 다 그럴걸요? 혹시 공부하는 비법이 있는지요?"

"무엇이든 부지런히 하는 게 중요하다."

"부지런히 하려면 어떻게……."

"부지런하려면 마음을 다잡아야 한다. 세상을 살다 보면 조금 불리하고 불운한 경우도 있지만 이때 좌절하고 포기해선 안 돼. 그럴 때일수록 마음을 다잡아야지. 아침에 햇볕이 일찍 드는 곳은 저녁에 그늘이 빨리 오고, 일찍 피는 꽃은 먼저 시들기 마련이다. 젊은이가 세상을 살면서 한때 재난을 당했다고 해서 청운의 꿈을 꺾어서는 안 된다."

"네, 스포츠 경기에서 '끝날 때까지 끝난 것이 아니다'란 말이 있잖아요."

"사나이의 가슴속에는 늘 가을 매가 하늘로 치솟아 오르는 듯한 기상을 지녀야 해. 천지를 조그맣게 보고 우주를 가볍게 볼 정도의 배짱이 있어야 한다. 알겠니?"

"네, 선생님. 기가 솟아오르는 듯한 느낌이에요!"

어느덧 강폭이 넓은 한강변에 도달했다. 여기서 배를 타고 한강을 거슬러 올라가기로 했다. 빌딩이 없는 한강변 풍경이 민이에게 다시 낯설게 다가왔다. 정약용 선생은 시간 여행에 대해 알고 있을까?

"선생님, 저는 꿈을 꾸고 있는지도 모르겠어요."

"대개 보면 스스로 깨어 있다고 하는 사람은 취하거나 잠들어 있고, 스스로 취하거나 잠들었다고 하는 사람은 깨어날 기미가 있는 사람인데 너야말로 깨어 있는지 모르겠다. 나비의 꿈을 이야기한 장자처럼 말이야."

"선생님, 지금까지 여행하는 동안 많이 배우고 즐거웠는데, 갑자기 헤어진다면 너무 슬프고 괴로울 거 같아요."

"민이야, 이별은 슬픈 일이다. 이토록 괴로운 것은 실은 즐거움으로부터 나왔단다. 너와 함께 많이 이야기하고 여행하는 즐거움이 있었기에 이런 이별의 괴로움이 생긴 것이다. 우리가 아무런 즐거움을 겪지 않았다면 이토록 괴롭겠느냐? 바로 즐거움이 괴로움의 씨앗이었던 것이다. 마찬가지로 괴로움은 즐거움의 뿌리란다. 슬퍼하지 마라. 이 또한 즐거움을 기약하는 것이란다. 운수는 좋았다 나빴다 하고, 괴로움과 즐거움이 엇갈린단다. 괴로움은 즐거움의 뿌리이고, 즐거움은 괴로움의 씨앗이다. 그래서 현명한 사람은 괴로움 속에서도 너무 괴로워하지 않고 즐거움을 기약하며, 즐거움 속에서도 괴로움이 생길 것을 염려하여 마음을 단속한단다."

민이는 선생의 말을 들으면서 곧 이별의 시간이 다가온다는 느낌이 들었다.

6

안타까운
죽음들

해를 등지고 배는 미끄러지듯 한강을 거슬러 올라갔다. 뱃전에서 앞을 바라보고 있던 정약용 선생이 입을 열었다.

"내가 처음 서교에 관해 이야기를 들었을 때가 바로 이 한강에서였지. 갑진년 4월 형수 제사를 지내고 약전 형이랑 이벽 형이랑 한강물을 따라 천천히 두미협[16]을 내려가는 배 안에서였다. 이벽 형이 이야기를 들려주었는데, 신선의 이야기처럼 황홀했단다. 천지조화의 시초, 사람과 신, 삶과 죽음의 이치를 듣고 황홀함과 놀라움, 의아심을 이기지 못했어. 마치 《장자》에 나오는 하늘의 강이 멀고 멀어 끝이 없다는 것과 비슷했다."

선생은 생각에 잠긴 듯하더니 대략 다음과 같은 이벽의 이야기를 들려주었다.

이벽은 일찍이 천주교에 관심이 높았다. 단순히 학술적인 관심에 그치지 않았다. 종교적인 관심이었다. 이벽이 천주교에 관심이 점점 고조될 때 가까이 지내던 이승훈이 마침 북경에 가게 되었다.

아버지 이동욱이 동지사 서장관, 즉 북경으로 가는 사신으로 선발되었는데, 그 자제 군관으로 아버지를 따라 북경에 가게 된 것이다. 그러자 이벽은 이승훈에게 부탁했다.

"동생, 북경에 가거든 서양에서 온 천주교 신부를 꼭 찾아보게나. 그리고 천주교의 가르침을 받고 관련된 서적도 가져오게나."

사신 일행은 1783년 10월 14일 한양을 떠나 12월 21일 북경에 도착했다. 북경에 도착한 이승훈은 이벽의 부탁에 따라 북경에 있는 북당을 찾아갔다. 북경에는 동서남북 네 곳에 성당이 하나씩 있었다. 북당은 프랑스계의 예수회가 관할했다. 이승훈은 북당에서 그라몽 신부를 만나 천주교 교리를 가르쳐 달라고 청했다. 40일 동안 북경에 머물면서 교리를 배우고 베드로라는 세례명으로 세례를 받았다.

해가 바뀌어 이승훈은 북경을 떠나 귀국했다. 한양에 도착한 때가 1784년 3월 24일이었다. 여러 책도 가져왔다. 이벽은 이승훈의 영세를 받아 천주교에 입교했다. 이벽은 본격적으로 천주교 연구와 전교 활동에 나섰다. 전통적으로 재주 있는 젊은이가 밟던 출셋길을 포기했다.

이승훈이 귀국한 지 20여 일이 지난 4월 14일, 이벽은 네 번째 맞는 누님의 제사를 지내기 위해 정약용의 집인 마재를 찾아갔다.

이벽의 누님이 정약용의 형인 정약현의 부인이었다. 이벽과 정약
현은 처남과 매형 관계였다. 제사를 마치고 4월 15일 마재에서 서
울로 배를 타고 내려오는데, 두미협에서 이벽은 약전, 약용 형제에
게 천주교에 관해 알려 주었다.

"그 후 이벽 형한테 관련 책도 빌려 보고 함께 공부도 했지. 실은 그
런 내용은 이미 중국에서 들어 온 책 속에 들어 있었다. 한문으로 번
역된 서양 학문에 관한 책이 우리 조선에 들어온 지는 200년이 넘었
을 거야. 나라에서 금지한 책도 아니었다. 성호 선생님도 그런 내용에
대해 일찍이 많은 말씀을 하셨지. 유교를 보완하는 내용도 있고, 귀
신을 인정하는 황당한 내용도 있다고 평가하셨다. 그런데 과학 기술
만큼은 서양의 과학 기술이 낫다는 것을 인정했단다."

"네, 성호 선생님 댁에 들렀을 때 말씀하셨어요. 그런데 천주교
를 믿는 것이 무슨 문제가 되는 거죠?"

"난 이벽 형을 따라 다니며《천주실의》,《칠극》등 여러 권의 책
을 읽고 그쪽으로 마음이 기울기 시작했다. 그러나 그때는 제사를 지
내지 말아야 한다는 말이 없었어."

"그게 문제가 된 거예요?"

"명례방[17]에 있는 김범우 집에서 이벽 형이 주동이 되어 모임을
했는데, 하루는 근처를 순찰하던 포졸들이 웬 사람들이 잔뜩 모여

있는 걸 보았지. 분명 도박이라도 하고 있을 줄 알고 방안으로 들이 닥쳤다. 방안에는 도박과는 거리가 먼 분위기의 모임이 진행되고 있었지. 일단 집주인인 김범우만 잡아들였다. 다른 사람들은 대략 양반집 자제들이어서 손대기 곤란했던지 다 풀어 주었어. 그런데 김범우는 중인이라 만만했던 게지."

"김범우는 괜찮았나요?"

"애석하게 그는 붙잡혀 있는 동안 병으로 죽고 말았는데, 그나마 그 정도로 해결된 것을 다행으로 여겨야 할지 모르겠다. 이벽 형 집안에서는 난리가 났다. 아버지로부터 심한 질책을 받고 집안에 붙잡혀 있다 병으로 죽고 말았는데, 의문이 제기되기도 해. 신선처럼 고매하고 학처럼 깨끗한 위인이, 범상한 속세 사람들이 왈가왈부하는 중에 훌쩍 세상을 떠나 버렸으니 얼마나 슬픈 일이냐."

정약용 선생은 슬픔에 잠긴 표정이었다.

"이벽 형에 대한 추억은 이 밖에도 몇 가지가 있다. 성균관에서 공부할 때 정조 임금께서 중용에 관한 의문점으로 과제를 내주었는데, 형과 함께 그 과제를 했다. 이벽 형은 퇴계의 학설을 따랐는데, 난 이율곡의 학설과 일치했다. 우연이었지. 과제 결과가 상당한 논란을 일으켰는데, 정조 임금은 내 주장을 매우 높게 평가해 주셨단다. 아마 내가 남인계 사람인데도 서인 노론들이 따르는 율곡 이이를 추종했다는 게 색달랐던 모양이야."

나중에 안 사실이지만, 이 문제는 간단한 일이 아니었다. 당시는 당파에 따른 당론이 엄격하게 구분된 때였기 때문이다. 남인들은 무조건 퇴계 선생의 학설을 따르고, 노론들은 절대적으로 율곡 선생의 학설만 따랐다. 그런 때에 남인인 정약용이 율곡의 학설이 옳다고 주장한 일은 대단한 용기와 소신이 아니고는 쉬운 일이 아니었다. 선생은 당파와 무관하게 학설의 옳고 그름을 판단했던 것이다. 정약용 선생의 학문적 소신과 학자로서의 양심을 알게 해 주는 사건이기도 했다.

선생은 여기서 이야기를 멈추고 화제를 바꾸었다.

"내가 정조 임금을 만난 것이 모두 18년이었다. 22세에 진사과에 합격하고, 39세에 이르렀으니. 성균관 학생일 때 6년 동안 날 돌봐 주셨다. 28세에 과거에 합격하고 이듬해 겨울 한강에 설치하는 배다리 설계에 참여하게 했고, 31세에 부친상을 당해 집 안에 있을 때 화성의 설계를 맡기셨지. 성을 완성하고 정조 임금이 화성에 행차하셨을 때는 수행하기도 했다."

선생은 다시 생각에 잠기더니 말했다.

"며칠 전 임금께서 다시 부르셨다. 이제 난 다시 한양으로 가려고 한다. 임금 곁으로 말이야."

배가 한강을 거슬러 올라가고 있었다. 고층 건물이 가리지 않은 강산은 참으로 아름다웠다. 처음엔 심심해 보였는데, 점차 아름답게 느껴졌다. 한편으로는 여행 중에 알게 된 슬프고 아픈 이야기들을 떠올리니 풍경을 아름답게만 볼 수 없었다.

'실학자들이 그토록 꿈꿨던 것은 백성들이 가난에서 벗어나는 것이었구나. 그래서 개혁을 해야 한다고 주장했구나. 천주교도들이 그토록 꿈꿨던 것은 신분 계급이 없는 사회였구나. 그래서 나라에서 그렇게 금지하는데도 믿는 사람이 많아졌구나.'

"정조 임금이 계시기에 그래도 해결할 수 있을 거다."

문득 강변의 분위기가 심상치 않음을 느꼈다. 사람들이 북쪽을 향해 엎드려 절하는 모습이 눈에 띄었다. 정약용 선생이 배를 강변에 대고 무슨 일이 있느냐고 물었다.

"임금님이 돌아가셨답니다."

"뭐라고?"

정약용 선생의 얼굴은 사색이 되었다. 한동안 멍하니 허공을 바라보았다. 민이도 믿을 수가 없었다.

"그럴 리가 없다. 며칠 전만 해도 나를 부르겠다고 사람을 보내셨는데. 연세가 49세밖에 안 되었는데. 그럴 리가 없어. 변고가 있었음이 분명해. 민이야, 난 국상에 참석해야겠구나. 여기서 헤어지자."

정약용 선생이 황망한 채로 길을 떠나고 민이는 홀로 남겨졌다. 한강 하구인 서쪽으로 해가 지고 있었다. 붉은빛이 점차 어두워졌다. 어둠과 함께 안개도 몰려들었다. 멍하니 강물을 바라보고 있다가 민이는 생각났다는 듯이 재빨리 옷을 갈아입었다. 현대의 옷으로 갈아

입어야 시간 여행에 성공할 수 있을 것 같았다. 갑자기 시간 여행에서 미아가 될 것 같은 두려움이 몰려왔다.

'과연 나는 다시 돌아갈 수 있을까?'

갑자기 피로감이 몰려와 수풀 속에 드러누워 있던 민이는 깜박 잠이 들었다. 얼마나 잠을 잤을까. 꿈속처럼 아련하게 어둠 속에 흐릿한 불빛이 보이기 시작했다. 가로등인 듯했다. 주변이 환해지면서 민이는 눈을 번쩍 떴다.

'다시 서울로 돌아왔구나.'

안도의 느낌을 받았다. 갑자기 아침인지 저녁인지 헷갈렸다. 해는 동쪽에서 밝아 오고 있었다. 시간이 궁금했다. 스마트폰을 보니 켜져 있었다. 날짜는 바뀌지 않았다. 며칠간의 일이 불과 몇 분 동안에 이뤄지다니.

집으로 돌아온 날 밤 민이는 정약용 선생이 걱정돼서 잠을 이룰 수가 없었다. 그러나 어느새 잠이 들어 해가 중천에 떠오르도록 잤다. 피곤했던 모양이다. 자리에서 일어나 선이에게 만나자고 연락을 했다.

"오늘 우리 역사 동아리 모임 있잖아. 다 같이 봐도 되지? 점심때 거기로 와."

약속 장소에 가 보니 선이와 준이가 있었다.

"뭐야? 모임은 둘이서만 하니?

민이가 말했다.

"박 선생님 곧 오실 거야. 어디 여행 간다더니 웬일이야?"

"사실은 정약용 선생님을 만나고 왔어. 그게 그러니까, 뭐 시간 여행이라 해야 할까?"

"뭐라고? 시간 여행? 그게 무슨 소리냐?"

선이와 준이는 민이를 쳐다보며 황당하다는 표정을 지었다. 그러나 민이는 진지했다. 준이가 연극 조로 말했다.

"호레이쇼여! 세상엔 과학으로 알 수 없는 일도 일어나곤 한다네."

"어쭈,《햄릿》에 나온 대사를."

마침 박 선생님이 카페에 들어왔다.

"선생님, 민이가 조선 시대에 다녀왔대요."

"시간 여행이었대요. 더위 먹은 모양이에요. 아님 어디 나무 아래서 꿈꾸다 온 모양입니다."

"그래? 거 참 재미있었겠구나. 민이 얘기를 들어 보자꾸나."

민이는 이야기가 이상하게 흐르지 않도록 그냥 학교에서 질문하듯 말했다.

"정약용 선생님은 천주교도였나요, 아니었나요?"

"다산 선생이 자신이 천주교 신도라는 혐의에 관해 긴 문장의 상소를 남겼어. 〈변방사동부승지소(辨謗辭同副承旨疏)〉라는 글이다. 비

방에 변론하며 동부승지라는 직을 사직하는 상소라는 뜻이다. 정사
년(1797년) 6월 승정원의 동부승지[18]로 임명되었는데, 이때 사직의
명분으로 천주학쟁이라는 비방에 대해 작심하고 자신의 처지를 변
론한 셈이야. 이 글을 비롯해서 대략 기록을 보면 초기엔 분명히 천
주교에 깊이 빠져들었다. 일찍이 천주교를 마음속으로 좋아하여 내
용을 거론하며 남들에게 뻐기기도 했다고 말했으니까. 이승훈에게서
세례를 받은 것도 사실일 거야."

"그럼 천주교도였네요?"

"그런데 진산 사건 이후로는 인연을 끊었다고 말하고 있어. 처음
엔 제사를 금지한단 사실을 몰랐고, 진산 사건을 계기로 나라에서
천주교를 금지하자 인연을 끊었다고 말하고 있다. 그렇게 발을 끊은
게 분명한 것 같구나."

"처음에는 천주교에 적극적이다가 진산 사건으로 태도가 바뀌었
다고요? 도대체 진산 사건이 어떤 사건이었나요?"

박 선생님이 자세를 고쳐 앉고서 이야기를 계속했다.

"신해년(1791년) 진산 사건은 천주교 역사에 매우 충격적인 사건
이었어. 전라도 진산[19]에 살던 윤지충이 어머니가 돌아가셨는데 외
종 권상연과 함께 신주를 불사르고 제사를 지내지 않은 사건이 발생
했다. 제사를 모시지 않는 것은 당시에는 있을 수 없는 일이었지. 그
소문이 돌고 금방 유생들이 들끓었다. 두 사람은 곧 체포되어 처형되

었어. 천주교의 첫 순교라 할 수 있단다."

"아마 정약용 선생이 30세이던 때죠?"

"맞아. 민이가 참 잘 아는구나? 공교롭게도 윤지충은 다산의 외가 쪽 사람이었어. 그는 윤선도, 윤두서의 후손으로 다산의 외종형이었지. 일찍이 과거(진사과)에 합격해 주목을 받은 장래가 촉망되는 사람이었는데 말이야."

"그럼 당색도 같았나요? 정약용 선생은 남인이었다고 들었는데."

"맞다. 주목할 만한 사실이지. 상대적으로 정치적 열세에 처해 있던 남인계 청년 중에 천주교에 귀의한 사람이 많았어. 왜 그랬겠니?"

"아무래도 사회에 대해 비판적인 입장이었나요?"

"그렇지. 정치권력에서 소외되어 있던 남인계의 젊은이들이 권력의 불의에 대해 비판적이었고, 사회 문제에도 예민했단다."

"그런데 제사 문제가 그렇게 결정적인 거예요? 잘 이해가 안 돼요."

"제사는 유교를 지배 이념으로 한 사회였기에 매우 중요한 의례였어. 그래서 제사 문제는 처음 천주교가 중국과 조선에 전래되면서 가장 예민한 이슈가 되었어. 천주교 선교사들이 처음엔 포교를 위해 제사 문제를 전통으로 용인했는데, 나중에 정책이 바뀌면서 대혼란을 빚었지."

"아, 그랬던 거군요."

"조선에서도 이 문제가 처음엔 확정되지 않아 논란이 많았어. 그러다 제사를 금지하는 것으로 공식화되자 천주교는 조선 전통의 예법과 충돌하게 되었지. 이제 천주교 신앙을 위해 순교자가 될 것인가 조선의 전통 예법을 지켜 천주교를 버릴 것인가를 택일해야 하는 상황이 된 거야."

"그게 바로 진산 사건으로 나타난 거네요."

"그 사건을 계기로 많은 천주교 입문자들이 떠났단다. 특히 양반 자제들이 많이 떠났지. 다산 선생뿐만이 아니었어. 초기에는 주로 양반 자제가 많았지만 이를 계기로 점차 서민들이 많아지는 것으로 양상이 바뀌었다. 상대적으로 서민들은 그런 문제에 대한 고민이 적었고, 천주교가 주는 매력이 더 컸지."

민이는 정약용 선생과의 여행을 통해 이미 알고 있는 내용이었다. 그런데 준이는 잘 이해가 안 되는 모양인지 이어 질문했다.

"무슨 매력이요?"

"너희는 자유로운 세상에 살고 있으니 그걸 잘 느끼지 못할 수 있겠다만, 당시 사회는 매우 엄격한 신분 사회였어. 양반이 아니면 행세할 수 없었고, 양반이라 하더라도 집안의 권위를 손상하는 일을 할 수 없도록 제약이 많았어. 양반집 과부는 다시 결혼할 수도 없었어. 본부인이 낳지 않은 서자는 아들인데 아들이 아닌 그런 대우를 받았지. 중은 도성에 함부로 들어올 수도 없었고."

민이, 준이, 선이가 동시에 말했다.

"아버지를 아버지라 부르지 못하고, 형을 형이라 부르지 못하고……."

"그래 바로 그거야."

"과부를 열녀로 만들기 위해서 죽이는 일도 있었다면서요?"

"맞아. 가문의 영예를 위해 한 사람을 희생시키는 일도 있었지. 열녀를 칭송하는 사회가 사실은 열녀를 강요하고 가짜 열녀를 만들어 내는 사회였단다. 이런 사회에 불만을 가진 사람들은 천주교에 끌렸겠지. 천주교에서는 모든 권위를 오로지 하나님에게 집중하면서 다른 모든 사람은 평등하다고 했거든. 그러니 대우받고 행세하는 양반들보다 일반 서민에게 훨씬 매력이 있었어."

"그렇게 탄압하는데 천주교를 믿을 수 있을까요? 죽을 수도 있잖아요."

"그래, 죽음을 무릅쓰는 일은 결코 쉬운 일이 아니야. 그러나 그런 사람들은 그것으로 정신적 안정감과 평화를 느꼈을 거다. 이 사건으로 다산 선생은 천주교 문제가 계속 낙인처럼 따라붙게 되었다."

"선생님, 정약용 선생님의 목민 사상에 관해 설명해 주세요. 이계심 이야기는 정말 대단했어요!"

민이는 정약용 선생과의 여행을 떠올리며 오늘 다 알아내고야

말겠다는 듯이 궁금한 것을 계속 물었다. 준이와 선이는 '쟤가 왜 저러지?' 하는 의아한 눈빛으로 민이를 쳐다보았다. 박 선생님은 흐뭇한 표정을 지으며 이야기를 이어 갔다.

"다산 선생은 방대한 저작을 남겼지만, 짤막한 논설에서 자신의 사상을 집약적으로 드러내기도 하셨단다. 그 가운데 〈탕론〉과 〈원목〉을 들 수 있겠네. 〈탕론〉을 읽어 보면 '탕왕이 정치를 잘못하였으므로 방벌한 것이 과연 옳으냐'라는 주제를 다룬 것이다. 유교에서는 충을 매우 중요한 덕목으로 보기 때문에 신하의 지위에서 나쁜 군주를 몰아낼 수 있는지 항상 문제가 되었다. 신하가 군주에게 대드는 것은 일단 역적이라고 볼 수 있기에 쉽지 않은 문제거든."

준이가 말했다.

"맹자는 혁명이 가능하다고 하지 않나요?"

"맞아. 다산 선생도 〈탕론〉이란 글에서 이 문제에 관해 분명하게 자신의 소신을 밝히고 있지. 바로 아래로부터의 정치에 관한 생각이야."

"아래로부터의 정치요?"

"역사상 아래로부터의 정치 시대가 있고, 위로부터의 정치 시대가 있다는 것인데, 먼 옛날에 처음 정치가 시작될 때는 아래로부터의 정치였다는 거야."

"그게 뭐죠?"

"조그만 마을에서 여러 집안 우두머리가 모여 마을 우두머리를 추대하고, 여러 마을 우두머리들이 모여서 고을의 우두머리를 추대하고, 여러 고을의 우두머리들이 모여서 나라의 우두머리, 즉 왕을 추대한다는 거지."

"네에? 그렇다면……."

"그렇다면 논리적으로 이런 얘기도 가능하게 되지. 마을 우두머리가 잘못하면 그를 추대한 집안 우두머리들이 마을 우두머리를 바꿀 수 있고, 고을 우두머리가 잘못하면 그를 추대한 마을의 우두머리들이 고을 우두머리를 바꿀 수 있고, 나라 우두머리 즉 왕이 잘못하면 그를 추대한 고을 우두머리들이 왕을 바꿀 수 있다는 거야."

"우리가 아는 전통 시대에는 그렇지 않았잖아요?"

"맞다. 다산 선생은 이렇게 말하셨어. 나중에 제도가 바뀌어 왕이 고을 우두머리를 정하고, 고을 우두머리가 마을 우두머리를 정하게 되었지만 그전에는 아래로부터의 정치였다는 거야. 그리고 이는 시대에 따라 달라질 수 있다는 거지."

"정약용 선생님이 목민관에 대해서도 비슷한 말씀을 하셨어요."

"목민관을 아는구나? 민이가 시간 여행을 한 게 진짜인가 보네? 하하. 지방 행정 책임자를 목민관이라고 했어. 수령도 같은 말이고. 다산 선생의 〈원목〉이란 글을 읽어 보면, 목민관도 마찬가지라고 했다. 아득한 옛날에는 백성만 있었지 목민관은 없었어. 백성들이 평화스럽게 모여 살다가 어느 날 이웃 간에 분쟁이 생겼지. 분쟁이 해결되지 않아 마을의 어른에게 찾아가 공정한 해결을 부탁한 거야. 그 어른이 바로잡아 주자 모두들 그 어른을 마을의 우두머리로 추대했어. 마을 간의 분쟁도 마찬가지로 그런 식으로 해결하게 됐지. 그래서 분쟁을 미리 막고 나중에 해결하는 법도 백성의 바람을 따라 제정하게 된 거다."

민이는 이 내용을 정약용 선생에게 직접 들었다는 것이 그저 놀라울 뿐이었다. 이내 여행의 기억이 떠올라 기분이 좋아졌다.

"법이란 윗사람이 아랫사람을 부리기 위해서가 아니라, 백성들 모두를 편하게 하고자 제정된 거야. 목민관은 그에 따라 백성을 다스리는 것이다. 그래서 다산 선생은 '백성이 목민관을 위해 있느냐, 목민관이 백성을 위해 있느냐?' 묻고는 답하셨지."

민이는 물론 준이, 선이도 다 같이 외쳤다.

"목민관이 백성을 위해 있다!"

"빙고."

"그런데 선생님, 정조 독살설이란 게 있던데. 맞나요?"

민이는 정조 임금이 돌아가신 소식을 듣고 황급히 궁궐 쪽으로 간 정약용 선생의 표정을 떠올리며 물었다.

"글쎄다. 너희는 어떻게 생각하니?"

민이가 먼저 말했다.

"정약용 선생님은 정조 임금의 죽음이 예사롭지 않다고 생각하신 듯해요. 믿고 싶지 않은 일이란 건 분명했는데……."

준이가 끼어들었다.

"대부분 학자들은 독살설을 부인하고 있대요."

"그래, 당시 남인계 인사들은 독살이 아닌지 의심했지. 그리고 요즘의 학자들은 독살설을 부인하고 있어."

선이가 물었다.

"선생님은 어떻게 생각하세요?"

"일단 기록상 독살의 증거가 없다."

"그게 무슨 말이에요?"

"실록만 봤을 때 살해의 증거가 없어. 예컨대 기록이 비었다든가 독살을 암시하는 기록이 없지. 독살의 주동자로 꼽고 있는 심환지에게 살해 동기도 없고 말이다."

"어떤 근거로요?"

"정조가 심환지에게 보낸 비밀 어찰이 최근 공개되었는데, 그것을 읽어 보면 정조는 심환지를 벽파의 우두머리로 각별히 대우하면서 관리하고 있었어. 나이가 이미 많이 들고 원로 대신으로서 임금에게 대접받고 있던 심환지에게 정조를 독살할 동기는 없었다고 본다."

"정순왕후(영조의 부인)는요?"

"물론 정조와 대립하고 있었지만 쉽게 나설 수 없는 처지였다고 봐. 혜경궁 홍씨가 정순왕후의 핍박을 받았고 이를 벗어나 더 오래 살았기 때문에, 정순왕후가 만에 하나 무슨 조치를 꾸몄다면 반드시 나중에 문제가 되었을 거야. 노론 벽파가 5년 만에 숙청되는데 그사이에 아무런 독살 관련 얘기가 나오지 않았다면 사실관계가 없었다고 보는 게 합리적이지 않을까? 내 생각은 그렇다."

우리 역사 동아리 모임이 끝나고 집으로 돌아가는 길에 민이는 생각했다.

'200년 전이 그다지 먼 옛날이 아닌 것 같아. 좀 더 역사책과 친해져야겠어.'

민이는 스스로 부쩍 성장한 느낌을 받았다.

[16] 지금의 팔당댐 근방.

[17] 명례방: 조선 시대에 남산 아래에 있던 여러 마을과 지금의 을지로 입구에서 명동 성당 부근까지를 포함하는 구역 명칭.

[18] 승정원은 왕명의 출납을 맡아 보던 관아로, 왕이 내리는 교서나 신하들이 왕에게 올리는 글 등 모든 문서가 거치게 되어 있는 비서 기관이다. 동부승지는 승정원에 속한 정3품 벼슬이다.

[19] 지금의 충청남도 금산군 진산면.

시련과 극복

민이는 2학기 내내 정약용 선생 생각이 머릿속을 떠나지 않았다.

'지금쯤 어찌 되셨을까?'

그래서 겨울 방학이 되자 남양주에 있는 다산 유적지와 실학 박물관에 몇 번 다녀왔다. 설 연휴가 지나고는 박 선생님, 선이, 준이와 함께 다시 갔다. 유적지를 돌다가 여유당 생가에 들어갔다. 그곳에는 아무도 없었다. 집 안을 둘러보다가 박 선생님과 선이와 준이는 생가를 나갔다. 혼자 남은 민이는 한적한 느낌이 들었다. 벌렁 마루에 드러누웠다. 그때였다. 갑자기 이상한 느낌이 들었다.

'앗, 성균관에서 정약용 선생님을 처음 뵐 때와 비슷한 느낌인데.'

갑자기 시간 여행에 돌입할 것 같은 예감이 들었다. 아니나 다를까 뒤에서 익숙한 목소리가 들려 왔다.

"아니, 민이가 여기 웬일이냐?"

갑자기 정약용 선생이 나타났다.

"선생님! 그간 안녕하셨어요?"

"그래, 이렇게 안녕하다."

짐짓 의연하게 말했지만, 선생의 얼굴빛은 심각했다.

"사실 상황이 매우 좋지 않다. 그러나 어떡하겠니. 의연하게 대처해야겠지."

"임금님 초상은 다 치르셨나요?"

"그래, 그동안 한양에 드나들었지. 그런데 국상이 끝나자 심상치 않은 소문이 나돌고 있어."

"무슨 소문이……."

"이가환(성호 이익의 종손) 무리가 난을 일으켜 아무개, 아무개 등을 제거하려 음모를 꾸미고 있다는 거야."

"아니, 이가환이라면 선생님께서 존경하는 선배님 아니십니까?"

"그래. 이가환 무리에는 나도 포함되어 있지."

"도대체 무슨 음모라는 거죠?"

"음모는 무슨 음모가 있겠느냐. 거짓 소문을 퍼뜨려 공격의 빌미를 잡으려는 거지."

"그럼, 어떡하죠?"

"일단 조심은 하고 있다. 최근 난 당호를 '여유당(與猶堂)'이라 지었단다. 노자의 《도덕경》에 "머뭇머뭇 겨울 시내를 건너듯(與兮 若冬涉川), 조심조심 사방을 두려워 살피듯(猶兮 若畏四鄰)"이란 구절이 있는데 거기서 두 글자 '여유'를 따와 당호로 삼은 것이다. 바른 소리를 잘하는 성질을 좀 죽이려고 다짐했다. 그러나 상황은 더욱 악화되고 있지. 며칠 전 정순왕후가 천주교를 대역죄인으로 처벌하겠다고 발표했단다."

"이제 정말 큰일 날지 모르겠어요. 선생님, 달아나셔야 하는 거 아닙니까?"

민이는 어떻게든 조치를 하면 달라질 수 있지 않을까 생각했다. 아니, 되든 안 되든 뭔가 수를 써야 한다는 생각이 들었다.

"최근 사건이 하나 있었다. 천주교도들이 천주교 문서를 더욱 안전한 곳으로 감추려고 옮기다가 포졸에게 발각되는 사건이 발생했단다. 그런데 그 책 상자 속에 우리 집안과 관련한 편지도 있다는 거야. 아마 정약종 형이 연루되어 있을 거다."

"앗, 그건 어떻게 아셨죠?"

"그래도 그런 것을 알려 줄 사람들은 있단다. 그 사람들이 얘기하길 미리 나를 잡아들여 대충 조사하고 손 본 후 풀어 주는 것이 더 낫지 않겠느냐는 거다. 앞으로 닥칠 큰 화를 작은 화로 때우자는 계책이지. 매우 대담하고 그럴듯한 얘기긴 하지만 난 거절했다. 어차피 화가 닥친다면 그런 정도의 잔꾀로는 모면할 수 없다. 더구나 그로 인해 그 친구들까지 화를 입을 수 있거든."

"정말 심각하네요. 그런데 정약종 형은 정말 천주교도인가요?"

"그렇단다. 나와 약전 형은 천주교와 인연을 끊었는데, 약종 형은 신앙심이 날로 깊어지고 주변 사람에게 포교도 열심히 하는 낌새다. 그러나 어쩌겠니? 형에 대해 내가 무슨 불리한 말을 할 것이며, 또 내가 형으로 인한 화를 어떻게 피하겠느냐."

이때였다. 밖에서 다급하게 외치는 소리가 들렸다.

"정 참의! 정 참의, 큰일 났네!"

밖에서 들어온 선비가 숨을 몰아쉬며 낮은 소리로 말했다.

"사간원에서 오늘 임금에게 이가환, 이승훈, 정약용 세 사람을 사교 3흉으로 지목하여 처벌을 청하는 계를 올렸다네."

이 말을 들은 정약용 선생은 지그시 눈을 감았다. 찾아온 선비는 사태를 다 알고 있는 듯 말했다.

"올 것이 왔네, 올 것이 왔어. 이를 어찌한다, 이를 어찌한다……"

민이는 화급하게 말했다.

"여기 이렇게 계시면 됩니까? 일단 얼른 도망부터 치고 나서 생각해야죠."

"내가 어디로 도망친단 말이냐. 내가 무슨 죄를 지었기에 도망친단 말이냐. 성호 선생님이 말씀하셨지. 하늘이 준 운명이 있고, 내가 만드는 운명이란 게 있다 하셨다. 하늘이 준 운명은 어찌할 수 없다. 내가 여기서 어디로 도망친단 말이냐. 내가 도망치면 끝내 죄인의 이름을 지울 수 없느니라."

"그래도 붙잡히면 엄청난 고생을 하실 텐데요."

민이는 정약용 선생이 걱정되었다. 그러나 선생은 각오한 듯 눈을 감고 묵묵히 앉아 있었다. 어느덧 해가 지고 어둠이 깔리는데 그 어둠과 정적은 무거웠다. 어느새 잠이 들었다. 내용 모를 꿈을 꾸고 있는데 화급한 외침에 깨어났다.

"나리, 큰일 났습니다! 포졸들이……."

이어서 땅을 울리는 발자국 소리와 함께 포졸들이 들이닥쳤다.

"우리는 의금부 도사들이다. 대역죄인 정약용은 대비의 명을 받들라. 사교를 믿고 선량한 백성을 물들인 혐의로 체포한다."

포졸들이 와락 달려들어 정약용 선생을 오라로 묶었다. 민이는 잔뜩 겁이 났지만 선생님이 끌려가는 것을 그냥 두고 볼 수가 없었다.

"아니 선생님이 무슨 죄를 지었단 말입니까? 선생님은 천주교도가 아닙니다! 안 됩니다, 선생님! 이대로 끌려가시면 안 됩니다! 이 나쁜 놈들아!"

"비켜라 이 녀석아! 감히 어딜 나서느냐. 혼나려고 이러느냐!"

포졸 몇 명이 달려들어 떼어 놓는데 당해낼 수가 없었다. 민이는 마당에 팽개쳐졌다. 민이는 그냥 있을 수 없었다.

'안 되겠다. 뒤쫓아 가서 선생님이 탈출하도록 도와야겠다. 선생님은 어디로 끌려가신 걸까? 아마 나루터에서 배를 타고 가겠지.'

민이는 생가를 나서서 들길을 내달렸다. 저쪽 나루터에 아직 일행이 머물고 있었다. 뒤편으로 살금살금 다가갔다. 일행과 떨어져 나루 주막에 선생님이 묶인 채 앉아 있었다. 민이는 숨어서 낮은 목소리로 말했다.

"선생님, 도망치셔야죠."

"민이야, 어서 도망쳐라. 너는 행색이 수상하여 천주쟁이로 몰릴 수 있어. 그리되면 큰일이야. 나도 이런 처지인데 어찌 너를 구하겠느냐. 어서 도망쳐라."

그러나 민이는 자리를 뜰 수 없었다. 왠지 정약용 선생을 다시는 못 볼 것 같았다. 이때였다.

"아니, 아까 그 녀석 아니냐? 아무래도 수상하다."

다른 포졸도 강압적인 목소리로 물었다.

"넌 누구냐. 어디 사는 누구냐? 옷차림이 수상하구나. 호패를 보자."

배를 기다리던 포졸들이 달려들었다.

"저는 근처에 사는 민이입니다. 집이 근처인데 무슨 호패를 갖고 다닙니까? 그리고 공부하는 학생이어요."

"뭐? 아무래도 수상하다."

의금부 관원인 듯한 사람이 주변의 포졸들에게 명령했다.

"여봐라! 너희는 이 녀석을 붙잡아 조사해라!"

정약용 선생을 붙잡은 관원들은 선생을 배에 태우고 떠났다.

지방 포졸들이 나서서 민이를 붙잡았다.

"이 녀석, 동헌으로 가자. 오랏줄을 받아라. 순순히 말을 듣지 않으면 혼내 주겠다!"

민이는 떨려서 저항할 수가 없었다. 게다가 도망치면 더 의심을 받을 것 같았다.

'일단 따라가자. 기회를 봐서 도망쳐야겠다.'

민이는 오랏줄로 손목이 묶인 채 두 포졸이 앞뒤로 선 가운데 따라갔다. 산길을 걸어가다 보니 강변의 비탈길로 이어졌다. 저 아래 강물이 고요하게 흐르고 있었다.

'도망칠 기회가 없이 한양까지 끌려가면 집에 끝내 돌아가지 못하고 시간 여행의 미아가 될 수도 있어.'

민이는 여기까지 생각이 이르자 과감하게 행동해야 한다는 결심이 섰다. 마침 착해 보이는 포졸이 말했다.

"비탈이 위험하니 이 녀석 오라를 풀어 주세."

"그러지. 여기서 어디로 도망치겠어."

'도망칠 기회는 이때다. 이때를 놓치면 더 이상 기회가 없을 거야.'

민이는 아슬아슬한 비탈길에서 헛발을 디딘 듯 미끄러졌다. 그리고 어느 지점에서 강물로 점프했다.

풍덩!

민이는 물속으로 들어갔다.

"저놈 잡아라! 저놈 잡아라!"

잠시 후 물 위로 나온 민이는 다시 물속으로 들어가 숲이 우거진 기슭 쪽으로 헤엄쳐 갔다. 얼마나 지났을까. 민이는 기진맥진 힘이 다 빠졌다. 기슭에서 드리운 나뭇가지를 붙들고 쉬고 있었다. 이때 한 척의 배가 다가왔다. 민이를 잡아 올렸다. 배 위에 오른 민이는 기절해 버렸다. 배가 다른 쪽 기슭에 도달하자 몇 사람이 민이를 업고 달렸다.

민이가 살짝 정신이 들어 보니, 여유당 생가 마루였다. 약간 안도가 되자 다시 정신을 잃었다. 얼마가 지났을까. 민이를 깨우는 익숙한 목소리가 들렸다.

"민이야."

민이는 눈을 떴다.

'앗, 다시 돌아왔다. 정말 다행이다.'

"여기서 무슨 잠을 자니?

박 선생님이 웃으면서 물었다.

"선생님……"

민이는 울음이 나왔다.

"엉엉, 정약용 선생님이 붙잡혀 가셨어요. 도대체 그분이 무슨 죄입니까? 천주교를 믿은 것도 죄입니까? 아니 천주교를 멀리 했다는데도, 왜 그렇게 못 잡아먹어 난리입니까?"

민이는 박 선생님에게 따지듯 물었다.

"그래그래, 걱정하지 마라. 정약용 선생은 돌아가시지 않았으니까."

민이는 얼굴에 눈물이 어린 채 멍하니 있었다. 선이가 분위기를 누그러뜨리려 말했다.

"박 선생님, 지금 사회는 종교의 자유가 있어서 정말 다행이에요."

"그래, 정말 다행이지. 종교의 자유를 얻기까지는 많은 사람의 희생이 있었어. 그런데 요즘 사회도 생각이 다르거나 종교가 다르다는 이유로 사람을 적대시하고 억압하는 일은 사라지지 않고 있지."

민이가 정색을 하고 말했다.

"정약용 선생님이 천주교도가 아니라는데도 사람들이 천주교도로 뒤집어 씌웠어요."

선이가 물었다.

"정약용 선생님은 정말 천주교도가 아니었나요?

민이가 대신 다그치듯 답했다.

"젊을 때 깊이 물들었으나 제사 문제로 그만두셨다고 했잖아. 분명히 그렇게 말씀하셨는데 왜 그 말을 못 믿는 거지? 모략이라니까."

민이의 태도가 단호했다. 박 선생님은 민이를 진정시키려는 듯

저쪽을 가리키며 말했다.

"얘들아, 다음번에는 저 팔당댐 건너편의 천진암에 가 보자꾸나. 천진암 계곡은 정약전, 정약용 형제가 자주 놀러 가던 곳이기도 해. 다산 선생은 시에서 고향의 풍경 가운데 좋은 곳으로 천진암의 가을 단풍 구경을 들었단다. 천진암에는 바로 권철신에게 가르침을 받으려는 젊은이들이 모여들었지."

"정약용 선생님이 성호 선생님 이야기를 하면서 말씀하셨던 것 같아요."

민이가 생각난 듯이 말했다.

"그래, 권철신은 재주와 덕성을 겸비해서 성호 이익 선생이 무척 아꼈지. 그런데 권철신은 양명학의 경향이 좀 있었어."

준이가 끼어들며 말했다.

"양명학은 주자학과 좀 달랐죠?"

"그래. 그런데 당시에는 주자와 해석을 달리하면 굉장히 배척당하는 분위기였단다."

선이가 퉁명스럽게 물었다.

"같은 유학 아닌가요? 너무 독선적이에요."

"양명학은 실천을 강조했는데, 권철신도 상당히 도덕적인 실천을 중시해서 양명학과 통했지. 권철신은 무엇보다 온화하고 따뜻했어. 그래서 그를 찾는 사람이 많았다. 권철신의 집에서 가까운 주어사와 천진암에서는 그를 따르는 젊은이들이 해마다 겨울이면 강학 모임을 하곤 했단다. 다산 선생의 형님 정약전도 끼어 있었지."

"아, 그렇군요."

"본격적으로 전도 활동을 시작한 이벽이 권철신을 찾아간 것도 권철신이 선비들에게 명망이 있었기 때문이었어. 권철신은 모든 선비가 우러러보는 명망 있는 분이니, 그분이 우리 교에 들어오면 다른 사람들도 들어올 거라고 생각한 거지. 이벽은 권철신의 집에 10여 일을 묵었다 갔는데, 권철신은 신중해서 선뜻 받아들이지 않았어. 권철신의 동생 권일신은 열성 신도가 되었지. 다산 선생에 이어 권철신도 붙잡혀 들어갔는데, 혹독한 추궁에도 신해 박해(진산 사건) 이후 천주교를 멀리했다고 일관되게 진술했어. 그러나 안타깝게도 가혹한 고문으로 옥에서 죽고 말았어."

"그럼 권철신은 천주교도가 아니었단 말이에요?"

"그건 잘 모르겠다. 다산 선생은 나중에 권철신은 훌륭한 선비였을 뿐인데 정적들이 천주교도로 누명을 씌웠다고 회고했지. 권철신이 은밀하게 신앙 활동을 계속했다는 기록도 있어. 사실 여부가 어찌 됐든 분명한 것은 권철신 같은 사람들은 종교적 신념을 접어 두고라도 인습에 얽매이지 않는 고매한 인격과 학문적 열정이 있었던 사람이고, 바로 그것 때문에 자유로운 생각을 억압하고 권력을 누리려는 사람들에 의해서 희생된 거야. 그래도 끝내 자유로운 영혼을 가둘 수는 없지."

박 선생님은 민이를 바라보며 말했다.

"민이야, 너무 실망하지 마라. 다산 선생은 목숨은 유지했거든. 그리고 긴 유배의 고초를 겪지만, 조선의 대표적인 학자로서 방대한 저술을 남겨 우리에게 전해 주지 않았니. 내가 민이한테는 특별히 다산 선생과 관련된 책을 사 줘야겠다."

"선생님, 저희도 사 주세요! 민이만 편애하지 마시고."

"하하. 그러자. 《유배지에서 보낸 편지》를 사 줄까 하는데."

"네? 저는 이미 있는데요?"

"저도요."

준이와 선이가 실망한 기색이 역력했다.

"그럼 민이는?"

"저는 없어요."

"그럼, 민이만 사 주면 되겠구나."

"뭐야, 이거 불공평해요."

민이네 일행은 두물머리 주변을 거닐었다.

"자, 이제 집으로 돌아가자."

다산 생가를 떠나면서 박 선생님이 말했다.

"내친김에 겨울 방학이 끝나기 전에 강진에 있는 다산 초당에 다녀오자."

"와, 신난다! 겨울 남도 여행이네요! 준이 너도 갈 거지?"

선이는 신이 났다. 준이가 맞장구를 쳤다.

"그럼, 나도 당연히 가야지! 강진을 남도 답사 여행 1번지라고도 하잖아."

"민이도 당연히 갈 거고."

선이는 민이의 눈치를 살폈다. 민이의 표정은 심각했다.

"그래, 나도 가 보고 싶었어."

민이는 과연 또 시간 여행을 통해 정약용 선생을 만날 수 있을지 궁금했다. 그러나 왠지 더 이상 시간 여행은 없을 것 같은 예감이 들었다.

'붙들려 가는 정약용 선생을 시간 여행을 통해 뵈었고, 그 후 유배 생활을 통해 많은 저작 활동을 하신 것을 이미 아는데, 혹시나 시간 여행에서 정약용 선생에게 다른 변고가 있게 된다면? 또 혹시나 나도 굳이 시간 여행을 갔다가 현재로 못 돌아오는 사태가 생긴다면?'

집으로 돌아오는 길에 민이는 생각했다. 지금도 여전히 생각이 다르다는 이유로, 또는 자신의 권력을 더 확대하려고 사람을 배척하고 괴롭히는 이들이 있긴 하다. 그래도 지금이 정약용 선생이 살던 시대보다는 더 나은 것 같았다.

겨울 방학이 끝나기 전에 민이 일행은 다시 모여 강진행 버스를 탔다. 서울에서 강진으로 가는 버스는 하루에 몇 대 되지 않았다. 서울에서 강진까지는 4~5시간이 걸렸다.

차창 밖 풍경이 겨울다웠다. 며칠 전 많은 눈이 와서 세상이 새하얗게 변했다. 강진에도 눈이 쌓여 있었다. 날씨도 쾌청했다. 창을 비추는 햇볕이 따사로운 느낌이었다.

버스가 터미널에 도착했다. 민이 일행이 내리자 한 분이 다가와 반갑게 맞이해 주었다.

"아이고, 박 선생님! 오시느라 고생 많았지라."

"네, 윤 회장님. 잘 계셨습니까? 여기는 제가 가르치는 학생들입니다."

"안녕하세요! 다산 유적지 답사 왔습니다."

"학생들이 참말로 훌륭하고마잉. 요로케 강진까지 오고잉."

"오매, 전라도 사투리 오리지날이고마잉."

준이가 선이를 보며 말했다. 둘은 키킥 웃었다. 윤 회장님도 재미있다는 듯 웃으며 말했다.

"아니, 학생이 오매란 말도 아네잉. 어서 배웠당가?"

"학교에서 배웠어요. 김영랑 시에 나오잖아요."

"정말 우등생인갑네. 영랑 생가가 바로 이 근천디. 사의재 가는 길에 있구만이라. 그라믄 사의재부터 가 봐야제. 거기서 점심도 묵읍

시다. 여기서 가까운께로 걸어가믄 댕께 따라 오시요잉."

윤 회장님이 앞장서고 민이 일행은 따라갔다. 남쪽이어선지 겨울이고 눈이 쌓였어도 햇볕이 따사로웠다. 5분쯤 걸었을까 초가집이 나왔다. 문에 들어서자 윤 회장님이 소리쳤다.

"주모, 여기 밥 주시오! 서울서 박 선생님하고 제자들이 왔으니께 잘해 주시오잉."

민이 일행이 들어선 사의재는 민이가 시간 여행에서 본 주막보다 훨씬 좋아 보였다. 그런데 반갑게 맞이하는 주모는 분위기가 영 딴판이었다. 그냥 이모, 고모 같은 분위기였다.

"어이고, 박 선생님. 어서 오십시오. 학생들도 어서 와요. 연락받고 이미 상을 차려 놓았어요."

강진 사람들은 모두 박 선생님을 잘 아는 것 같았다. 여러 차례 답사를 와서 알게 되었다고 했다. 윤 회장님이 식사를 권하면서 말했다.

"여그가 그렇게 다산 선생님이 처음 유배 오셔서 있었던 곳이요. 찬바람 쌩쌩 부는 겨울에 왔지라. 대역죄인이라고 아무도 안 챙겨 주는데 주막 노파가 챙겨 준 거제. 아침 일찍 일어나 내려오느라고 배고플 건디 어서 들면서 들으라고잉."

민이 일행은 윤 회장님이 해 주는 설명을 들으며 열심히 밥을 먹었다. 중간에 휴게소에서 간식을 먹었는데도 점심이 참 맛있었다. 윤 회장님이 해 준 이야기는 다음과 같았다.

정약용은 의금부에 끌려가 혹독한 문초를 받았지만 천주교도라
는 증거가 없었다. 겨우 목숨을 건진 선생은 경상도 장기로 유배
를 갔다. 그런데 도망쳤던 황사영이 붙잡히고 그가 쓴 백서가 나
오면서 다시 서울로 끌려가 조사를 받았다. 여기서도 선생에게 더
불리한 증거는 나오지 않았다. 오히려 천주교도들 사이에서 배교
자로 경계하는 내용이 나온 것이다. 그리하여 다시 유배에 처해졌
는데, 작은 형인 정약전과 함께 나란히 나주까지 왔다가 형은 흑
산도로, 동생은 강진으로 각각 나뉘어 유배 길을 갔다.
정약용이 강진에 도착한 때는 추운 겨울이었다. 대역죄인이라 피
하는 데 급급해 아무도 따뜻하게 대해 주는 사람이 없었다. 이때
동문 밖에서 밥 파는 집 노파가 선생을 받아들였다.

밥을 먹다가 민이가 불쑥 물었다.
"근데 선생님, 사의재가 무슨 뜻이에요?"
"학생 기특하네. 좋은 질문이야. 사의(四宜)란 '네 가지 마땅함'이
란 말이지. 즉 '생각은 맑아야 하고, 용모는 장엄해야 하고, 말은 과
묵해야 하고, 행동은 중후해야 한다'는 뜻이란다."
뜻밖에 주모 아주머니가 답해 주셨다. 모두들 깜짝 놀라 서로 쳐

다봤다.

"아하, 그냥 식당 아주머니가 아니고 문화 해설사 선생님이야."

박 선생님의 말에 모두 해설사님을 바라보며 이야기에 귀를 기울였다.

"하하, 선생님들 식사하시라고 내가 대답하는구먼. 다산 선생이 여기 오셔서 몸을 추슬렀는데, 시간이 지나면서 서서히 기력을 회복했어요. 1803년 겨울 동짓날에 〈사의재기(四宜齋記)〉를 썼는데, 선생께서 집필을 열심히 하고자 다짐하면서 누추한 방에 '사의재'라는 이름을 붙인 것이지요."

이어 박 선생님이 덧붙였다.

"다산 선생은 역경에 굴하지 않고, 운명을 달게 받아들였어. 오히려 남쪽 바닷가에 유배 온 이때야말로 학문을 본격적으로 할 겨를을 얻었다고 생각한 거야. 해설사님 말대로 〈사의재기〉를 쓰면서 집필 활동을 열심히 하고자 다짐하신 거야."

윤 회장님도 거들었다.

"다산 선생은 유배라는 어려운 시절을 여기서 보내게 되었지만, 그분은 우리 강진에 엄청난 유산을 남겨 주신 거제. 점심은 잘 먹었당가? 맛있제? 그럼 이제 내 차로 다산 초당에 가 보장께."

"잘 먹었당께요."

민이가 사투리로 대답하자 준이도 한마디 했다.

"겁나게 맛있어 부네요."

윤 회장님이 신이 나서 한마디 더 했다.

"아따 인제 우리 학생들 전라도 말을 해 부네. 참말로 이쁘구면."

사투리로 한바탕 왁자하면서 모두들 밖으로 나왔다. 사투리가 점점 익숙해졌다. 주막 주모이면서 해설사인 아주머니에게 인사를 하고 밖에 나와 윤 회장님 차를 탔다. 자동차는 들판을 달렸다. 멀리 바닷가가 보였다. 선이가 물었다.

"윤 회장님은 무슨 회장님이어요?"

윤 회장님이 슬며시 웃으면서 아무 말을 하지 않자 박 선생님이 답했다.

"강진 다산연구회 회장님이시고, 다산 선생 외손 후손이시란다. 다산 선생이 이곳에서 제자에게 따님을 시집 보냈는데, 그 후손이시지."

"우와!"

민이, 선이, 준이는 다들 눈이 둥그레졌다.

승용차가 기념관에 도착했다. 기념관에서 윤 회장님의 해설을 듣고 나와 다산 초당으로 발길을 돌렸다. 다산 초당으로 올라가는 길은 많은 사람들이 다녀서인지 나무뿌리가 드러나 있었다. 마침 겨울이라 사람이 적었지만, 날씨가 좋을 때는 많은 이들이 다녀간다고 했다.

다산 초당에 오르자 윤 회장님이 설명을 해 주었다. 진지하게 설명을 하셔서인지 사투리도 거의 쓰지 않았다.

"저쪽 서암엔 제자들이 묵었고, 저쪽 동암엔 선생께서 1,000여 권의 장서를 두고 연구하고 계셨죠. 이곳 초당은 이름에서 알 수 있듯이 원래 초가집이었겠죠? 여기서 열여덟 제자들을 가르치고 함께 저술 작업을 했어요. 학생들, 정약용 선생님 저서가 몇 권이나 되는지 아세요?"

"500여 권이요."

민이가 재빨리 대답했다. 모두들 민이를 쳐다봤다.

"맞아요. 학생이 공부를 잘하는 모양이네."

민이는 좀 머쓱해졌다.

'공부야 선이, 준이가 잘하지만 내가 방학 동안에 정약용 선생님 공부를 좀 했지.'

박 선생님이 이야기를 더했다.

"바로 여기가 다산 선생의 위대한 학문적 업적이 이뤄진 곳이야. 선생이 남긴 저술은 참으로 방대하지. 선생의 저작은 당대의 실학을 집대성한 것이라고 할 수 있어. 당대에는 정조의 치세 기간이라 중국, 일본에서도 많은 책이 들어와 있었는데, 그런 책을 대부분 섭렵했어. 그 바탕 위에서 선생의 학문적 성취를 남기신 거지."

"어떻게 그런 책을 모두 보실 수 있었죠?"

"우선 규장각에 있을 때 많은 책을 볼 수 있었지. 그리고 여기 와서는 외가의 책을 활용했다고 해. 이 근처 해남에 선생의 외가가 있었거든. 거기에는 실학에 관한 책이 많이 있었어. 선생이 이곳으로 유배를 온 것은 참 묘한 인연이 있어. 강진이 아닌 다른 곳에 가서도 이만한 대업적을 남기실 수 있었을까 하는 의문이 있지."

"바로 고거당께. 고거 땜시 내가 강진 사람으로서 자부심을 느끼는 거랑께. 내가 그런 얘기를 하믄 거시기하지만, 박 선생님이 요로케 말씀을 해 주싱께 고맙지라."

옆에서 윤 회장님이 갑자기 사투리를 세게 하면서 기분 좋은 목소리로 말했다. 박 선생님이 계속 말을 이었다.

"다산 선생의 학문에 관해서는 공부를 본격적으로 해야 알겠지만, 당대에 함께 유배객 신세였던 형님 정약전이 흑산도에서 동생 정약용의 저서를 받아 보고는 감탄했지. 하늘이 네게 이런 학문적 성취를 하라고 너를 일부러 유배 보낸 것 아니냐고 말이야."

"비록 조상님이지만 잘 모르고 지냈제. 그런데 공부를 하면 할수록 존경심이 생긴당께. 그래서 여기서 방문객들에게 해설하는 일에 보람도 느끼지라."

민이는 시간 여행 때 뵈었던 정약용 선생을 떠올렸다. 기억 속에 남아 있는 선생의 모습이 심각했던 마지막 표정에서 훨씬 여유 있는 표정으로 바뀌었다. 그때 박 선생님이 말했다.

"누구든 살다 보면 시련을 겪을 수 있다. 그러나 모두 그 시련을 극복하는 것은 아니지. 시련을 극복하느냐 아니냐에 따라서 삶이 달라져. 다산 선생은 시련을 극복하여 시대적 고난을 위대한 학문적 성취로 바꾸어 놓았지. 형님 정약전의 말처럼, 당초 그런 위업을 만들라고 하늘이 시련을 주었는지도 모르겠어."

'이제 다시 뵐 수는 없는 걸까? 혹시 이 공간에 나 혼자 있으면 나타나실까?'

민이가 이런 생각을 하고 있는데, 초당 문이 쓱 열리면서 선비 한 분이 나왔다. 민이는 순간 깜짝 놀랐다.

'앗, 정약용 선생님?'

그러나 자세히 보니 아니었다. 차림새가 옛 선비 복장이었을 뿐이었다.

"어, 윤 회장 왔는가? 학생들 추운데 방으로 들어오지."

나이가 지긋해 보이는 그분은 청소년들의 체험 학습을 도와주는 강진 다산연구회 회원이었다. 박 선생님과도 친분이 있는 듯했다. 민이 일행은 윤 회장님을 따라 방으로 들어갔다. 방 안에는 한지와 먹물, 붓이 놓여 있었다. 윤 회장님은 그분을 훈장님이라 불렀다.

"워매, 훈장님. 또 무슨 작품을 만들고 있당가. 어? 다산 선생님이 지은 한시 아닝가?"

"바로 맞았네. 자, 윤 회장이 한번 해석해 보오."

"저보다는 여기 박 선생님께 부탁해 보랑게."

"독소(獨笑), 그러니까 '홀로 웃다' 그런 뜻이죠?"

박 선생님이 학생들을 위해 해석을 해 주었다.

양식 있어도 먹을 사람 없고

아들 많으면 굶주릴까 근심하네.

관직에 있는 사람은 어리석고

재주가 있는 사람은 펼 길 없네.

완전한 복은 집안에 드물고

지극한 도는 언제나 무너지네.

부모가 검약하면 자식이 방탕하고

아내가 영리하면 남편이 어리석네.

달이 차면 구름 끼고

꽃이 피면 바람 부네.

세상 이치 이와 같아

혼자 웃건만, 아는 이 없네.

"학생들, 어떻당가?"

윤 회장님이 소감을 물었다. 민이가 답했다.

"도사님 말씀 같은 시입니다."

윤 회장님이 계속 이어 말했다.

"아직 학생들은 세상살이를 덜 해서 잘 모를 수 있제. 근디 좀 살아 보면 참말로 맞는 말이랑께. 세상엔 완벽한 행복이란 게 있을 수 없당께. 어떤 집안도 근심거리가 있기 마련이고, 하느님은 공평하제라. 세상살이 너무 기고만장할 것도 너무 낙심할 것도 없당께."

"맞아요, 윤 회장. 그래서 요즘 이 시가 맘에 든다니까."

훈장님도 거들었다. 이어 박 선생님이 말했다.

"다산 선생은 시를 2,500여 수 남겼는데 사회시, 우화시, 자연시, 서정시 등 다양한 형태의 시를 썼단다. 아주 어려서부터 시를 쓰셨기 때문에 찾아보면 너희 마음에 드는 시도 있을 거야. 음, 어디 너희에게 맞는 시가 뭐가 있을까. 다산 선생이 우등생이었던 것은 사실이지만 시험에 낙방하여 마음고생을 한 적이 있지."

"맞아요. 성균관에 들어가서 공부했는데, 관직에 나아가는 대과에는 여러 번 실패하셨다고 들었어요."

"그래, 민이 말이 맞아. 그 무렵에 쓴 시를 하나 소개해 볼까 싶다."

전국 시대 오히려 옛날 같아서

능력 있는 사람만 선발했기에

유세하던 사람도 경상(卿相, 재상)이 되고

타국 사람도 크게 기용했다네.

과거 시험 제도가 시작되고는

겉치레 꾸민 글이 날로 성해져

영욕이 한 글자로 판가름나고

일생을 천지(天地) 차로 갈라 버렸네.

의기 높은 사람은 굽히기 싫어

산천(山川)에 버려져도 달게 여기지.

"대입 시험으로 스트레스받는 우리 학생들한테 참 와 닿을 만한 시네요잉. 학생 때는 시험도 참 많제. 시험을 잘 치러 성적이 좋다고 교만할 것도 없고, 시험을 못 치러 성적이 나쁘다고 실망할 것도 없지라. 사내자식이 좀 자존심과 의기를 가질 필요가 있지 않겠어요?"

"박 선생님, 정약용 선생은 사회 고발적이고 사실주의적인 시도 많이 썼다고 들었는데요."

준이가 물었다.

"그렇지. 그런 시가 한둘이 아닌데 어디 보자…… 이런 대목도 있어. 우화 기법을 사용한 대목인데 말이야."

호랑이가 양을 잡아먹고

붉은 피가 입술에 묻었는데

호랑이 위세 이미 당당하여

어질다며, 여우 토끼가 찬양한다네.

"강자에게 아부하는 여우와 토끼가 딱하네요."

선이가 말했다.

"강자의 폭력을 휘두르는 호랑이, 그에 굴종하여 아부하는 여우와 토끼를 대비시키고 있지. 이런 동물들을 통해 사회상을 우회적이면서도 날카롭게 풍자하고 있어. 이런 시가 아주 많단다."

박 선생님은 이 밖에도 많은 시를 소개해 주었다.

"아니, 선생님은 어떻게 그렇게 많은 시를 알고 계십니까?"

훈장님이 박 선생님에게 물었다.

"네, 제가 다산의 시를 좀 번역하면서 공부를 했었지요."

"아하, 그랬군요."

훈장님이 고개를 끄덕였다. 윤 회장님이 일어나며 말했다.

"자, 이제 시간 관계상 우리는 바로 백련사로 넘어 갈랍니다."

"그래요. 모두들 살펴 가십시오."

"네, 안녕히 계세요."

민이 일행은 방을 나와 인사를 하고 다산 초당에서 백련사로 가는 오솔길로 들어섰다. 계단이 잘 만들어져 있었다. 차밭이 있고 동백꽃이 있는 이 오솔길은 정약용 선생이 많이 다니던 길이라고 했다.

일렬로 그 길을 걷노라니 정약용 선생이 함께 가고 있는 듯한 느낌이 들었다.

백련사는 매우 유서 깊은 절이었다. 절의 역사와 유적, 현판 글씨에 관해 설명을 들었다. 백련사에 있던 혜장, 차를 즐겼던 초의, 현판 글씨를 남긴 원교 이광사, 추사 김정희 등 역사 인물에 대해서도 종횡무진 이야기가 나왔다. 모두 정약용 선생과 인연이 있었다.

이날 강진에서 하룻밤 묵으면서 정약용 선생에 대해 더 많이 알게 되었다. 민이는 많은 것을 들어서 알게 된 만큼 더 많이 읽어 봐야겠다는 생각이 들었다.

결국 시간 여행은 이뤄지지 않았다. 그런데도 하룻밤 묵고 서울로 돌아오는 버스에서 마치 정약용 선생을 뵙고 온 듯한 느낌이 들었다. 그리고 민이는 이제 다산 정약용 선생의 저서를 통해 얼마든지 선생을 뵐 수 있겠다고 생각했다.

'언제든지 책을 통해 시간 여행이 가능해. 앞으로는 책으로 선생님을 뵈어야지!'

부록

정약용은 1762년(영조 38년) 경기도 광주군 초부방 마현리(지금의 경기도 남양주시 조안면 능내리 마재마을)에서 태어났다. 5남 3녀 가운데 넷째 아들이었다. 아버지는 진주 목사를 지낸 정재원이고, 어머니는 해남 윤씨이다. 정약용의 호는 다산, 열수, 사암 등 여러 가지가 있다.

정약용의 집안은 남인에 속했다. 어머니 해남 윤씨는 학자이자 화가로 유명한 공재 윤두서의 손녀였다. 이 집안은 고산 윤선도의 후손으로, 학문이 뛰어나고 벼슬을 한 인재를 많이 배출한 명문 집안이었다.

정약용의 형제들로는, 맨 위 큰형인 의령 남씨 소생의 정약현이 있었다. 그의 첫 부인이 이벽(조선에 처음으로 천주교를 받아들인 사람)의 누이였다. 그의 딸은 황사영과 혼인했다. 어머니 해남 윤씨 소생으로는 둘째 형 정약전과 셋째 형 정약종이 있다. 그리고 누이가 이승훈과 혼인했다. 이승훈은 최초로 세례를 받았고, 정약종은 신유년에 순교했다.

정약용은 유형원, 이익으로 이어지는 실학을 계승했으며 이용후생(利用厚生)을 주장한 박지원, 박제가 등 북학파의 사상까지 받아들여 실학을 집대성하였다. 500여 권이 넘는 저술과 2,500여 수의 시를 남기고, 1836년(헌종 2년) 75세의 나이로 고향 집에서 세상을 떠났다.

정약용은 어려서부터 영리하고 공부를 잘했다고 한다. 7세에 "작은 산이 큰 산을 가리니, 멀고 가까움이 달라서라네(小山蔽大山 遠近地不同)"라는 시를 써서 아버지에게 칭찬을 받았다. 9세에 어머니 해남 윤씨가 별세하고, 10세에 아버지에게 학문을 배우기 시작했다.

15세에 풍산 홍씨와 결혼하여 서울 생활을 시작했다. 홍씨는 무인 집안인 홍화보의 딸이었다. 이때 이가환, 이벽, 이승훈 등과 교유했다. 모두 남인 계열의 소장학자들이었다. 이들을 통해 자연스럽게 실학자 성호 이익의 유고를 읽게 되었는데, 깊은 감명을 받고 학문을 할 것을 결심했다.

22세에 과거에 합격하여 성균관에 들어가 정조를 처음 만나게 되었다. 23세 때 한강 두미협으로 배를 타고 내려가면서 이벽에게서 천주교에 관한 이야기를 듣고 큰 감명을 받았다. 28세에 대과에 합격하여 벼슬길로 나아갔다.

벼슬에 나아간 정약용은 규장각 초계문신으로 발탁되는 등 정조의 총애 속에 재주와 능력을 발휘했다. 하지만 1791년 30세 때 진산 사건이 발생한 후로 정치적으로 반대파의 공격을 받게 되었다.

배다리 설계에서 재주를 보인 정약용은 31세에 부친상으로 여막살이를 하는 동안 정조로부터 수원 화성 설계를 명령받는다. 33세에 경기 북부 암행어사로 나아가 백성들의 참혹상을 목격하고, 권세를 휘둘러 민폐를 끼친 관리들을 처벌하도록 정조에게 보고했다. 34세에 정조의 화성 행차에 참가했다.

1797년 6월, 정조는 36세의 정약용을 동부승지로 임용했다. 이에 대해 정약용은 '동부승지를 사양하는 상소문'을 올려 천주교에 대한 자신의 입장을 솔직히 밝혔다. 이 상소는 자신이 한때 천주교에 빠졌지만 나중에 버렸다는 변명이자 고백이었다.

1799년 정조는 38세의 정약용을 다시 조정에 불러 형조 참의에 임명했다. 곡산 부사로 있으면서 의심스러운 사건들을 명쾌하게 해결했기 때문이었다. 그러나 주변의 정치적 공격도 거세졌다. 정약용은 1800년 39세 봄에 처자식을 거느리고 고향으로 돌아가 버렸다. 시기하는 사람이 많으니 벼슬을 하지 않고 낙향하면 공격받지 않으리라는 생각에서였다. 그러나 그해 정조가 갑자기 세상을 뜨고 말아 이제는 아무런 보호막도 없게 되었다.

낙향한 정약용은 '여유당'이란 당호를 짓고 세상과 거리를 두고자 했다. 그러나 정적들의 칼날은 피할 수 없었다. 1801년 천주교 탄압을 명분으로 한 신유사옥이 일어난 것이다.

신유사옥은 정조가 갑자기 죽고 나이 어린 순조가 즉위했을 때 정순왕후 김씨가 수렴청정을 하고, 조정의 주도권을 노론 벽파가 장악한 가운데 발생했다. 천주교 배척을 명분으로 정적을 제거하기에 나선 것이다.

신유사옥에서 셋째 형 정약종은 순교하고, 한때 천주교를 받아들였다가 이제는 거리를 둔 둘째 형 정약전과 정약용은 간신히 목숨을 건졌다. 두 사람은 유배길에 올랐는데, 정약용의 처음 유배지는 경상도 장기였다. 황사영 백서 사건으로 다시 서울로 압송되어 조사를 받은 후 그해 11월 하순에 강진으로 유배지가 옮겨졌다. 흑산도로 유배를 가는 둘째 형 정약전과 나란히 유배길로 내려오다 나주 율정점에서 눈물로 헤어졌다. 그 후 두 형제는 만나지 못했다. 정약용이 18년 동안 유배 생활을 하는 동안, 형은 흑산도에서 세상을 뜨고 말았다.

정약용은 유배지에 와서 결코 좌절하지 않고 역경을 기회로 바꾸었다. "이제야 겨를을 얻었구나!"라고 하면서 학문과 저술 활동에 열중했다.

1801년 40세인 정약용이 강진에 도착했을 때는 추운 겨울이었다. 대역 죄인이라 모두 접촉을 피했다. 이때 불쌍히 여겨 챙겨 준 사람이 동문에서 밥을 파는 주모였다. 정약용은 1803년 겨울 동짓날에 자신이 거처하는 밥집의 누추한 방에 '사의재'라는 이름을 붙이고 학문과 저술에 매진했다.

정약용은 1808년 다산 초당으로 옮겼다. 다산 초당은 강진 남쪽에 있는 만덕산에 있는데, 처사 윤단의 정자였다. 윤단의 배려로 다산 초당으로 옮긴 정약용은 매우 흡족했다. "그곳에다 대(臺)를 쌓고 못을 파고, 줄을 맞춰 꽃과 나무를 심고, 물을 끌어다 비류 폭포를 만들었다. 동암과 서암 두 초막을 짓고 1,000여 권의 장서를 두고 저술하면서 스스로 재미를 느끼고 살았다."

다산 초당에서 정약용은 여유를 찾았다. 이곳은 정약용과 제자들이 학업을 정진하는 연구 공간이 되었고, 방대한 저술을 낳는 곳이 되었다. 그의 제자들로는 읍내에서 가르친 제자(읍중 제자)와 다산 초당에 와서 가르친 제자(다산 18제자)가 있다. 정약용의 제자들은 다산의 저술 활동에 큰 힘이 되었다.

이 밖에 승려들과도 학문적으로 교류했다. 다산 초당 옆에 있는 백련사의 혜장과도 자주 만나면서 학문 토론을 했다. 일지암의 초의와도 연락하며 친하게 지냈다.

강진 유배기에 정약용은 위대한 학문적 업적을 이루었다. 18년 만에 유배가 풀려 고향에 돌아온 그는 저술을 수정하고 보완했다. 그리하여 우리에게 방대한 저술을 전해 주었고, 실학의 집대성자로 불리게 되었다.

정약용은 대학자였다. 그가 공부한 분야는 경계가 없었다. 그의 저서를 살펴보면 정치, 경제, 역리, 지리, 문학, 철학, 의학, 교육학, 군사학, 자연과학 등 거의 모든 학문 분야에 걸쳐 있다. 자연히 양도 방대하다. 대략 500권이 훨씬 넘는 것으로 파악되고 있다. 저작 활동은 대부분 강진 유배 기간에 이뤄졌다. 분야별로 보면 다음과 같다.

유배 기간 초기엔 육경(六經)에 집중했다. 육경이란 《시경》, 《서경》, 《예기》, 《악경》, 《주역》, 《춘추》를 가리킨다. 유학의 기본 경전이다.

정약용이 쓴 《모시강의》 12권 외에 《시경강의보》 3권은 《시경》에 관한 것이다. 《매씨상서평》 9권, 《상서고훈》 6권, 《상서지원록》 7권이 있는데 이는 《서경》에 관한 것이다. 《상례사전》 50권, 《상례외편》 12권, 《사례가식》 9권이 있는데 이는 《예기》에 관한 것이다. 《악서고존》 3권은 《악경》에 관한 것이다. 《주역사전》 24권, 《역학서언》 12권은 《주역》에 관한 것이다. 《춘추고징》 12권은 《춘추》에 관한 것이다.

이어서 사서(四書)를 집중적으로 연구했다. 사서란 《논어》, 《맹자》, 《대학》, 《중용》의 넷을 가리킨다. 성리학자들이 중요시했던 유학의 경전이다. 《논어》와 관련해서 《논어고금주》 40권을 썼고, 《맹자》와 관련해서 《맹자요의》

9권을 썼다. 《중용》과 관련해서 《중용자잠》 3권, 《중용강의보》 6권을 썼다. 《대학》과 관련해서 《대학공의》 3권, 《희정당대학강의》 1권, 《소학보전》 1권, 《심경밀험》 1권을 썼다.

이처럼 정약용은 유학의 기본 내용을 열심히 탐구했다. 하지만 여기에 그치지 않았다. 세상을 경영하는 데 도움이 되는 학문, 즉 경세학(經世學) 분야에 '일표이서'를 남겼다. '일표이서'란 우리에게 잘 알려진 《경세유표》, 《목민심서》, 《흠흠신서》를 합쳐서 이른 것이다.

《경세유표》는 국가 제도에 관한 전반적인 개혁론이다. 제도가 오래되어 폐단을 낳기 때문에 개혁하지 않으면 나라가 망할지도 모른다는 절박한 심정에서 저술했다. 한 예를 들어 보면, 오로지 북학을 주된 임무로 하는 관서로 '이용감'을 설치하자고 주장했다. 중국의 선진 기술을 얼른 배워야 한다는 북학파의 주장을 담아낸 것이다. 나중에 고종 때 너무 뒤늦게 설치되었다.

중앙 조정에서 나라를 경영하지만, 지방의 각 고을은 수령이 어떻게 하느냐에 따라 백성들의 삶이 천양지차로 달라질 수 있다. 그래서 정약용은 **《목민심서》**를 썼다. 《경세유표》에서 제시한 개혁을 기다리고만 있을 수 없었다. 현행의 제도로라도 수령이 행정을 잘 펴면 백성에게 혜택이 돌아갈 수 있다. 수령, 즉 군수, 현감 등이 부임한 때부터 임무를 마치고 돌아올 때까지 어떤 마음가짐으로 어떻게 행정을 펼 것인지 상세하게 적고 있다. 수령은 자기 관리의 '율기(律己)', 공적인 마음가짐의 '봉공(奉公)', 힘없는 백성을 사랑하는 '애민(愛民)'이라는 세 덕목으로 행정을 펴야 한다.

조선 시대에는 사법 분야가 따로 독립되어 있지 않았다. 행정 책임자가 수사와 재판도 함께했다. 범인을 가려내고 옥살이를 시키거나 처벌하는 것은 전문성이 요구될 뿐만 아니라 매우 엄중한 일이다. 그래서 정약용은 따로 **《흠흠신서》**를 썼다. 흠흠이란 삼가고 삼간다는 뜻이다. 그만큼 신중하게 해서 한 사람이라도 억울한 백성이 생기지 않도록 해야 한다는 것이다.

이러한 대표적 저서 이외에도 《아방강역고》, 《대동수경》, 《아언각비》, 《마과회통》처럼 인문 지리, 언어, 의학 등 다방면에 걸친 저작들이 있다. 또한 여러 정서와 주장을 담아낸 시문집이 있다. 이 책의 내용은 대부분 정약용의 시문집에서 끌어와 구성한 것이다.

정약용의 생애

● 1762 영조 38

1세 6월 16일 아버지 정재원, 어머니 해남 윤씨의 넷째 아들로 태어나다.

● 1765 영조 41

4세 천자문을 배우기 시작하다.

● 1767 영조 43

6세 아버지 정재원이 연천 현감으로 부임하자 그곳에 따라가 아버지에게 교육을 받다.

● 1768 영조 44

7세 산이라는 제목의 오언시를 처음 짓다. 천연두를 앓아 그 흔적으로 눈썹이 세 갈래로 나뉘자 호를 '삼미자'라 칭하다. 10세 이전의 저작을 모은 시집을 '삼미자집'이라 부르다.

● 1770 영조 46

9세 어머니 해남 윤씨가 세상을 뜨다.

● 1771 영조 47

10세 관직에서 물러나 집에 돌아온 아버지에게 본격적으로 가르침을 받다.

● 1774 영조 50

13세 두보의 시를 본떠 지은 시로 주위의 칭찬을 받다.

● 1776 영조 52

15세 풍산 홍씨 홍화보의 딸과 결혼하다. 아버지가 호조 좌랑으로 다시 관직에 나가자, 아버지를 따라 서울 명례방에 가서 살기 시작하다.

● 1777 정조 1

16세 성호 이익의 글을 읽고 이익처럼 학문하고자 결심하다. 가을, 전라도 화순 현감으로 나가는 아버지를 따라가다.

● 1778 정조 2

17세 화순현의 동림사에서 둘째 형 정약전과 함께 책을 읽다. 가을, 동복현의 물염정과 광주의 서석산(무등산)을 유람하다.

● 1780 정조 4

19세 봄, 예천 군수로 옮긴 아버지를 뵙고 진주 촉석루를 유람하다. 예천의 반학정에서 독서하다.

● 1781 정조 5

20세 서울에서 과거 시험을 준비하다.

● 1782 정조 6

21세 서울 창동에 집을 마련하다. 가을, 봉은사에서 공부하다.

● 1783 정조 7

22세 2월에 초시에 합격하고 4월에 회시에 합격하여 처음으로 정조를
알현하다.

● 1784 정조 8

23세 여름, 중용 강의 80여 조목에 대해 율곡 이이의 설을 써서 답하여 정조의
인정을 받다. 이벽과 두미협에서 배를 타고 가다가 처음으로 천주교에 관해 듣고
관련 서적을 보다.

● 1787 정조 11

26세 반제에 수석으로 뽑혀 《국조보감》 한 질을 하사받다. 또 《병학통》을
교지와 함께 하사받다.

● 1789 정조 13

28세 1월, 문과에 합격하다. 3월, 초계문신이 되다. 겨울, 한강에 배다리를
설치하는 공사에 참여하여 규제를 지어 올리다.

● 1790 정조 14

29세 2월, 예문관 검열이 되었으나 나가지 않다. 이로 인해 3월에 해미현에
유배되었으나 곧 귀양이 풀려 돌아오다. 사간원 정언, 사헌부 지평이 되다.

● 1791 정조 15

30세 5월, 사간원 정언이 되다. 10월, 사헌부 지평이 되다. 겨울, 《시경강의》
800여 조항을 지어 올려 정조에게 칭찬을 받다. 진산 사건이 발생하다.

● 1792 정조 16

31세 3월, 홍문관 수찬이 되다. 4월, 진주 목사로 있던 아버지가 돌아가시다.
겨울, 수원성 축조의 규제와 《기중가도설》을 지어 올리다.

● 1794 정조 18

33세 7월, 성균관 직강이 되다. 겨울, 홍문관 교리, 수찬이 되다.
11월, 암행어사가 되어 보름간 경기 북부 네 고을의 민정을 살피다.

● 1795 정조 19

34세 1월, 사간원 사간이 되었다가 곧이어 동부승지가 되다. 2월, 병조 참의가
되다. 정조가 수원으로 행차할 때 시위로서 따르다. 7월, 주문모 사건에
연루되어 충청도 금정 찰방으로 좌천되다. 이때 성호 이익을 연구하는 강학회를
열어 《서암강학기》에 정리하다. 《도산사숙록》을 저술하다.

● 1796 정조 20

35세 11월, 병조 참지가 되다. 12월, 초계문신으로서 《사기영선》의 교정에
참여하다.

● 1797 정조 21

36세 봄, 《춘추좌씨전》 교정에 참여하다. 6월, 동부승지가 되다. 〈변방사동부승
지소〉를 올려 자신을 천주교 신자라고 비방하는 것에 대해 젊은 날 한때 마음을
두었으나 30세 이후 거리를 두었음을 밝히고, 사직을 청하다. 6월, 곡산 부사가
되다. 겨울, 홍역을 치료하는 처방을 수집하여 《마과회통》 12권을 완성하다.

● 1797 정조 22

37세 《사기찬주》와 《의령》을 저술하다.

● 1799 정조 23

38세 2월, 황주 영위사가 되다. 5월, 형조 참의가 되다. 6월, 천주교 문제로 무고를 받자 형조 참의를 사직하는 소를 올리다.

● 1800 정조 24

39세 6월 28일, 정조가 죽자 고향 마현리에 돌아가 은거하기로 결심하고 당호를 '여유당'이라 하다.

● 1801 순조 1

40세 2월, 천주교도로 몰려 하옥되다. 셋째 형 정약종이 처형되다. 둘째 형 정약전은 신지도로, 정약용은 장기현으로 유배되다. 10월, 황사영 백서 사건이 일어나 다시 서울에서 조사받은 후 둘째 형 정약전은 흑산도로 유배되고, 정약용은 강진으로 유배되다.

● 1802 순조 2

41세 아버지 친구 윤광택이 찾아와 도움을 주다.

● 1804 순조 3

43세 《천자문》의 문제점을 살펴 《아학편훈의》를 완성하다.

● 1805 순조 5

44세 겨울, 보은산방에서 지내며 혜장과 함께 《주역》 연구에 몰두하다.

● 1808 순조 8

47세 봄, 강진 귤동의 다산 초당으로 옮겨 거처하다. 여름, 아들들에게 〈가계〉를 쓰다.

● 1810 순조 10

49세 《소학주관》 등을 저술하다.

● 1811 순조 11

50세 《상례사전》과 《아방강역고》를 완성하다.

● 1812 순조 12

51세 봄, 《민보의》를 완성하다. 겨울, 《춘추고징》을 완성하다.

● 1813 순조 13

52세 겨울, 《논어고금주》 40권을 완성하다.

● 1814 순조 14

53세 《맹자요의》, 《중용강의보》, 《대학공의》 등을 완성하다.

● 1815 순조 15

54세 《소학지언》, 《심경밀험》을 완성하다.

● 1816 순조 16

55세 봄, 《악서고존》을 완성하다. 6월, 둘째 형 정약전이 세상을 뜨다.

● 1817 순조 17

56세 《경세유표》를 저술하다.

● 1818 순조 18

57세 9월, 응교 이태순의 상소로 18년 만에 유배가 풀려 고향으로 돌아오다. 《목민심서》 48권을 완성하다.

● 1819 순조 19

58세 여름, 《흠흠신서》 30권을 완성하다. 겨울, 《아언각비》 3권을 완성하다.

● 1821 순조 21

60세 9월, 큰형 정약현이 세상을 뜨다.

● 1822 순조 22

61세 회갑을 맞아 자신의 인생과 학문적 업적을 정리하여 스스로 쓴 묘지명 《자찬묘지명》을 짓다.

● 1834 순조 34

73세 봄, 《상서지원록》 등을 합편하여 《상서고훈》으로 정리하다. 가을, 《매씨서평》을 개정하여 10권으로 완성하다.

● 1836 헌종 2

75세 2월 22일, 고향 마현리에서 생을 마치다.

〈하피첩(霞帔帖)〉은 글자 뜻대로 '노을빛 치마로 만든 첩'이라는 의미다. 1810년은 정약용의 귀양살이 10년째 해이고 나이도 50세에 이른 해였다. 고향에 몸져누워 있던 아내 홍씨가 어떤 생각에서였는지 유배지 강진에 있는 정약용에게 시집올 때 입고 왔던 다홍치마 다섯 폭을 보냈다. '나 잊지 말고, 또 딴마음 먹지 마세요'라는 은근한 사랑의 표시이자 그리움의 간절한 표현이 아니었을까?

치마를 받은 남편 정약용은 두 아들에게 삶의 철학과 인생의 지침을 써서 전해 주려는 생각으로 비단을 재단해 첩을 만들었다. 그리고는 정약용의 문집에 실려 있는 〈가계〉의 내용 그대로 손수 글씨를 써서 집으로 보냈다. 〈가계〉는 1808년, 1810년 두 해에 유배지에서 두 아들에게 보낸 훈계의 글이다.

화(禍)와 복(福)의 이치에 대해서는 옛날 사람들도 오래도록 의심해 왔다. 충(忠)과 효도를 한다고 해서 꼭 화를 면하는 것도 아니고 방종하여 음란한 짓을 하는 사람이라고 꼭 박복하지만은 않다. 그러나 착한 행동을 하는 것은 복을 받을 수 있는 당연한 길이므로 군자는 애써 착하게 살아갈 뿐이다.

너희들은 항상 심기를 화평하게 하여 벼슬길에 있는 사람들과 다르게 생활하지 말아라. 자손 대에 이르러서는 과거에 응할 수 있고 나라를 경륜하고 세상을 구제할 뜻을 두도록 마음을 먹어야 한다. 천리(天理)는 돌고 도는 것이니 한 번 넘어졌다고 반드시 다시 일어나지 못하는 것은 아니다.

폐족인 아들들에게 보내는 금과옥조 같은 내용도 내용이려니와, 어머니의 치마폭에 아버지가 손수 쓴 정갈한 글씨의 솜씨에 아들을 사랑하는 아버지의 정성이 통째로 담겨 있으니 세상 어디에 이런 사연의 글씨첩이 존재할 수 있겠는가.

어머니의 치마에 쓰고 그린 아버지의 글과 그림은 자식들에게 더없이 귀중한 선물이니 이런 값진 글과 첩이 세계의 어느 곳에 또 있겠는가. 남편을 잊지 못하던 아내의 사랑도 절절하지만, 사랑을 받은 남편은 아들에게 그 사랑을 더 크게 넘겨 주었으니 얼마나 애틋하고 간절한 사연인가. 더구나 성현의 말씀에서 벗어나지 않는 잠언이자 인생을 이끌어 줄 교훈으로 가득 차 있으니 그 값이 얼마나 높겠는가.

(*2015년 9월 9일 〈중앙일보〉에 특별 기고한 글에서 발췌하였습니다.)

1. 정조 때 정약용을 비롯하여 많은 인재가 나오는데, 이와 관련된 정조의 인사

정책은 무엇일까요? 1장, 3장 참고

2. 수원 화성은 누가 왜 설계했나요? 2장 참고

3. 성호 이익이 말하는 공부법은 무엇일까요? 3장 참고

4. 한역 서학서란 무엇이고, 우리에게 어떤 영향을 미쳤나요? 3장 참고

5. 정약용이 공직자에게 요구한 것은 무엇일까요? 4장, 정약용의 저작 참고

6. 정약용은 지방 수령과 백성과의 관계에서 누가 누구를 위해 있다고 했나요?

4장 참고

7. 정약용이 평생 써도 다 쓸 수 없는 재산이라며 준 것은 무엇일까요? 5장 참고

8. 조선에 천주교가 퍼지게 된 원인은 무엇일까요? 6장 참고

9. 정약용은 유배를 가서 많은 저작을 남겼는데 그 장소는 어디일까요? 그렇게 많은

저서를 쓸 수 있었던 까닭은 무엇일까요? 7장 참고

10. 정약용이 쓴 저서 중 '일표이서'라 일컬어지는, 우리에게 가장 잘 알려진 책 3권에

대해 정리해 봅시다. 정약용의 저작 참고

* 읽고 풀기의 PDF는 blog.naver.com/totobook9에서

다운로드 받을 수 있습니다.

1. 탕평 정책. 주류였던 노론뿐만 아니라 소론, 남인 등 당색에 구애받지 않고 골고루

   인재를 기용했다. 정약용은 남인 가문에 속했다. 남인은 숙종 때 정치적으로

   완전히 세력을 잃었는데, 영조와 정조의 탕평책에 의해 조정에 기용될 수 있었다.

   또한 신분과 지역으로 차별받던 사람들도 과감하게 기용했다.

2. 정약용이 정조의 명을 받아 설계했다. 정조는 아버지 사도 세자의 묘를 옮기고 그

   묘를 살피러 가는 길에 수원 화성을 건설했다. 따라서 수원 화성은 실학 정신의

   꽃이요, 정조의 효심이 반영된 유적이라 할 수 있다.

3. 공부는 질문을 잘하는 것에서부터 시작된다. 권위 있는 해석에도 의문을 제기할

   수 있어야 하고, 모르는 것은 아랫사람에게도 물어야 한다. 공부를 하다 떠오르는

   생각이 있으면 바로 적어 두는 것도 요령이다.

4. 서양 선교사들이 한문으로 쓴 서양에 관한 책이다. 기본적으로는 선교가

   목적이면서도 중국의 지식인들을 설득하고자 천주교 교리를 중국의 용어로

   바꾸어 설명하고, 서양 과학 기술을 열심히 소개했다. 우리나라에는 중국에 간

   사신을 통해서 일찌감치 들어왔는데, 나중에 서양의 과학 기술에 매력을 느낀

   사람들이 나타났다. 이후 학문적 관심에서 더 나아가 종교적 관심을 기울인

사람들도 나타났다. 천주교를 금지하면서 서양 학문까지 멀리하는 분위기가

만들어진 것은 우리에게 손해였다.

5. 일을 제대로 파악할 수 있는 능력과 사람들을 잘 이끌 수 있는 통솔력이 있어야

    한다고 보았다. 그런 능력이 있으려면 세상에 도움이 되는 공부를 해야 하고,

    청렴하게 자기 관리를 잘해야 한다. 또 율기(자기 관리), 봉공(공을 받듦), 애민(약한

    백성을 사랑함)이라는 세 가지 덕목을 요구하기도 했다.

6. 지방 수령이 백성을 위해 있다고 했다. 마치 백성이 지방 수령을 위해 있는 것처럼

    수령이 백성을 함부로 대하고 마구 세금을 거둬 가는 현실을 바로잡으려고 한

    말이다.

7. 근검. 즉 부지런함과 검소함이다. 부지런하고 검소한 생활 습관이 몸에 밴다면

    평생 여유롭게 살 것이라고 했다.

8. 당시 조선 사회는 신분 사회였다. 그런데 천주교는 모든 권위를 하나님에게

    집중하면서 모든 사람은 평등하다고 했다. 여러 원인이 있겠지만 이러한

    평등사상이 큰 원인이 되었다.

9. 강진. 유배를 가서 시간이 많았고, 제자들과 함께 공부하고 저술한 것도 도움이

컸다. 무엇보다 역경을 기회로 삼아 열심히 저작 활동을 하려는 정약용의 굳은

의지가 큰 이유였다.

10. 국가 제도 개혁론인 《경세유표》, 지방 행정관의 지침서인 《목민심서》, 형법

연구서이자 실무 지침서인 《흠흠신서》.